Julius Vogel, William Banting

Korpulenz

Ihre Ursachen, Verhütung und Heilung durch einfache, diätetische Mittel

Julius Vogel, William Banting

Korpulenz
Ihre Ursachen, Verhütung und Heilung durch einfache, diätetische Mittel

ISBN/EAN: 9783743693838

Hergestellt in Europa, USA, Kanada, Australien, Japan

Cover: Foto ©berggeist007 / pixelio.de

Weitere Bücher finden Sie auf **www.hansebooks.com**

Korpulenz,

ihre Ursachen, Verhütung und Heilung

durch einfache diätetische Mittel.

Mit Benutzung der Erfahrungen

von

William Banting

von

Dr. Julius Vogel,

Professor der Heilkunde in Halle.

Leipzig,

Ludwig Denicke.

1864.

Inhaltsverzeichniß.

Vorwort.

Das kleine Schriftchen von William Banting „Letter on corpulence, addressed to the public. London, Harrison. 1864“, — das ich hier in absichtlich fast ganz unveränderter Form, aber durch eigene Zusätze auf mehr als das Doppelte vermehrt, auf deutschen Boden verpflanze, hatte sich in England binnen kurzer Zeit eines fast wunderbaren Erfolges zu erfreuen, der bereits angefangen hat, sich auch nach Deutschland zu verbreiten. Eine große, täglich sich mehrende Anzahl von Personen, welche an übermäßiger Körperfülle litten, sind durch die Befolgung der darin geschilderten einfachen diätetischen Behandlungsweise geheilt worden oder haben wenigstens durch sie eine wesentliche Erleichterung erfahren. Schon dieser ungewöhnliche Erfolg auf einem Gebiete, auf dem die Heilkunde, wenn auch ohne ihr Verschulden, bisher wenig Triumphe gefeiert hat, muß für Aerzte wie für derartige Leidende auch in Deutschland zur Veranlassung werden, von der Sache Notiz zu nehmen. Dazu kommt noch, daß die Behandlungsweise, welche Banting auf den Rath eines englischen Arztes, W. Harvey, mit so großem Erfolge, zuerst an sich selbst versuchte, in ihren Prinzipien durchaus rationell und wissenschaftlich ist, wenn man auch nicht in allen Fällen rathen kann, derselben blindlings und mit peinlicher Gewissenhaftigkeit zu folgen. Die von Banting gegebenen Vorschriften gründen sich — er selbst hat freilich keine Ahnung davon — ganz und gar auf die Grundsätze, welche die Wissenschaft hauptsächlich den ·Bemühungen unseres genialen Landsmannes Justus von Liebig verdankt, die aber leider noch nicht überall, selbst unter den deutschen Aerzten, die Anerkennung gefunden haben, welche sie verdienen. Gerade dieser Umstand war für mich ein Grund mehr, mich der vorliegenden Arbeit zu unterziehen. Ich wollte nicht blos dazu beitragen, eine Behandlungsweise, die solche Er= folge erzielte, auch in Deutschland bekannter zu machen, als sie es bis jetzt zu sein scheint, und dabei es versuchen, in der von Banting selbst gewünschten Weise, sie wissenschaftlich zu begründen und dadurch ihre weitere Ausbildung und Vervollkommnung anzubahnen — es drängte mich auch, der deutschen Wissenschaft und dem Begründer der Lehrsätze, auf welche die Methode sich stützt, ihre Rechte und Verdienste wahren zu helfen, gegenüber dem Auslande, das gerade im gegen= wärtigen Augenblick mehr als je daran erinnert werden muß, was es deutscher Wissenschaft schuldet, sowie gegenüber einer jüngeren Generation, welche geistige Wohlthaten, die nachgerade fast zum Ge= meingute Aller geworden sind, Tag für Tag fast gleichgültig hinnimmt, ohne sich dabei ihres Spenders dankbar zu erinnern.

In einer wie in der andern Hinsicht glaube ich sicher zu sein, daß wenigstens meine Absicht bei einsichtigen Collegen keine Mißbilligung finden wird, wenn auch die Ausführung hinter dem guten Willen zurück= bleiben mag.

Anders verhält es sich freilich mit der Form, die ich dem Schrift= chen gegeben habe, und Manche dürften vielleicht Anstoß daran nehmen, daß ich dasselbe nicht in strengwissenschaftlicher Weise ausschließlich für Aerzte bestimme, sondern in gemeinfaßlicher Darstellung auch an ein größeres Publikum richte. Zwar dürfte sich eine Entschuldigung hiefür zum Theil schon aus der von Banting gewählten Darstellungsweise, die sich nicht in eine wissenschaftliche Form umwandeln ließ, ohne die Wirkung des Originales wesentlich zu beeinträchtigen, sowie aus den in der Einleitung zu Abtheilung II. erwähnten Gründen ergeben — aber dennoch glaube ich hier noch einige weitere Worte zu meiner Rechtfer= tigung beifügen zu müssen.

Eine strengwissenschaftliche Darstellung der bei der Ernährung und dem Stoffwechsel des menschlichen Körpers in Betracht kommenden Verhältnisse, die nicht blos bereits Bekanntes wiederholen, sondern wirk= lich Neues bringen oder noch Zweifelhaftes sicher feststellen will, ist gegen=

wärtig eine sehr schwierige Aufgabe, welche der Einzelne, selbst wenn ihm sehr große äußere Hilfsmittel zu Gebote stehen, fast nur in der Weise lösen kann, daß er durch mühsame große Versuchsreihen über einzelne Punkte neues Licht verbreitet. Derartige Bemühungen, so wünschens= werth sie in anderer Hinsicht sind, konnten jedoch dem hier in Betracht kommenden Zwecke nicht entsprechen. Dieser schien mir vielmehr, wie ich es in der Einleitung zu Abtheilung II. näher entwickelte, darin be= stehen zu müssen, den wißbegierigen oder ängstlichen Theil des hier in Betracht kommenden Publikums über die Behandlungsweise und deren Gründe aufzuklären, dadurch aber zu ihrer Anwendung zu ermuthigen — und zugleich den Aerzten, die ihre Zeit und Muße wohl meist über= steigende Aufgabe zu erleichtern, ihre Patienten über die Kur und deren Gründe ausführlicher zu belehren, und dadurch deren Durchführung sicherer zu machen.

Gelingt dieser Versuch einer allgemeinfaßlichen Darstellung medi= cinischer Wahrheiten in der Weise, daß sie nicht den Arzt überflüssig macht oder das Vertrauen zu demselben erschüttert, sondern vielmehr als Vermittler zwischen ihm und den Kranken seine Aufgabe erleichtert — so dürfte er vielleicht auch etwas dazu beitragen, der gerade unter dem gebildeten Theile des Publikums leider immer mehr überhand nehmen= den Neigung: mit Umgehung der Aerzte, den Rath von Quacksalbern und Charlatans zu befolgen, sowie allerlei in den Zeitungen angepriesene Mittel zu gebrauchen, durch eine Belehrung über die daraus zu befürch= tenden Nachtheile entgegenzuwirken.

Sollte er indessen mißlingen, so erlaube ich mir namentlich an das größere Publikum die Bitte, den Mangel an Erfolg weniger einer Un= vollkommenheit der wissenschaftlichen Heilkunde, in deren Namen ich spreche, als der Unzulänglichkeit meiner eigenen Kräfte und Bemühungen zuschreiben zu wollen.

Halle a. S., im Juni 1864.

J. Vogel.

I.

Offener Brief über Korpulenz

an das gesammte Publikum gerichtet
von
William Banting.

Dritte Auflage. London 1864.

Mit Anmerkungen von J. Vogel.*)

Dieser Brief ist mit aller Ehrfurcht dem Publikum gewidmet aus der alleinigen Absicht und dem lebhaften Wunsche, meinen Mitmenschen zu nützen. **W. B.**

Vorwort zur 3. Auflage.

Die 2te Auflage dieser Brochüre, aus 1500 Exemplaren bestehend, ist vergriffen. Ihr Ergebniß war für mich sehr befriedigend, und es sind mir

---

*) Der große, ja fast wunderbare Erfolg, den Banting's offener Brief gehabt hat, beruht sicherlich zum großen Theile auf der ungeschminkten und einbringlichen, ja enthusiastischen Weise, mit welcher er die in seinen Augen so wunderbaren Wirkungen der von ihm an sich selbst und Andern erprobten Behandlungsweise schildert. Ich glaubte deshalb, denselben auch bei der Uebertragung in's Deutsche mit allen seinen Eigenthümlichkeiten möglichst getreu wiedergeben zu müssen, mit seiner oft etwas holperigen Redeweise, seinen eigenthümlichen Bildern und Gleichnissen, seinen öfteren Wiederholungen, kurz allen den Unvollkommenheiten des Stiles und der Darstellung, für welche der Verfasser selbst sein Publikum um Nachsicht bittet. Nur einige wenige größtentheils persönliche Bemerkungen des Verfassers, die für deutsche Leser kein Interesse haben, sind weggeblieben. Dafür schien es mir zweckmäßig, eine Anzahl Anmerkungen beizufügen, welche dienen sollen, verschiedene Angaben oder Ansichten Banting's zu erklären oder zu berichtigen. Ich war dabei bemüht, durch zahlreiche Verweisungen auf die §§ der 2. Abtheilung den Lesern die Bildung eines eigenen Urtheils möglichst zu erleichtern. Um jedes Mißverständniß zu vermeiden, bemerke ich ausdrücklich, daß alle Anmerkungen dieser ersten Abtheilung von mir herrühren. **J. Vogel.**

1

so viele Beweise zugekommen von Beifall, welchen sie gefunden und von Nutzen, den sie Anderen gebracht hat, daß meine kühnsten Erwar=tungen dadurch weit übertroffen wurden. Dies veranlaßt mich, diese 3. Auflage zu veranstalten und zum Kostenpreise zu verkaufen.

Die erste und zweite Auflage habe ich, um meine Beweggründe vor jeder Mißdeutung sicher zu stellen, umsonst an das Publikum vertheilt. Meine wahrheitsgetreue Erzählung hat inzwischen ihren Weg zu einer großen Menge von Leidenden gefunden und wunderbare Wirkungen gehabt. Des=halb kann ich wohl annehmen, das Publikum wird es vorziehen, die dritte Auflage um einen geringen Preis zu kaufen, als sie von mir als Geschenk anzunehmen, und ich hege die demüthige, aber feste Ueberzeugung, daß auf diesem Wege die nützliche Kunde in zwanzigfachem Maßstabe sich weiter verbreiten wird, zum Troste der leidenden Menschheit, was in der That meine alleinige Absicht ist.

Kensington, im December 1863.

Korpulenz.

Unter allen Parasiten, welche den Menschen befallen können, giebt es nach meiner Ueberzeugung keinen schlimmeren als die Fettsucht, und da ich nach einer sehr langen und schweren Prüfung diesem Uebel so eben glück=lich entronnen bin, drängt es mich dazu, die Erfahrungen, welche ich hierbei gemacht habe, in aller Bescheidenheit hier mitzutheilen, zum Nutzen meiner Mitmenschen und in der zuversichtlichen Hoffnung, es möchten auch Andere desselben Glückes theilhaftig werden, welches mir durch die außerordentliche Veränderung meiner Körperbeschaffenheit zu Theil wurde — man könnte sie fast ein Wunder nennen, wäre sie nicht durch die allereinfachsten und natürlichsten Mittel bewirkt worden.

Mir scheint es, als wäre die Fettsucht bisher nur sehr wenig verstan=den und richtig gewürdigt worden, sowohl von Seite der ärztlichen Wissen=schaft, als von Seite des Publikums im Allgemeinen. Sonst würde die erstere schon längst die Ursache einer so beklagenswerthen Krankheit erkannt und wirksame Heilmittel gegen sie angewendet haben*) — und das Publi=kum würde sich nicht von dem unverständigen Kitzel haben hinreißen lassen, dergleichen Leidende durch spöttisches Lächeln und Bemerkungen zu kränken, die in Gesellschaft oft so peinlich sind und auch den stärksten Geist nieder=beugen. Aber ich hoffe, diese meine bescheidenen Bemühungen, die Sache

---

*) Vergl. Abtheilung II. Einleitung.

flar zu machen, werden zu einer gründlicheren wissenschaftlichen Kenntniß der Krankheit und zu größerem Mitgefühl für die daran Leidenden führen.

Es würde mir unendliches Vergnügen gewähren, den Urheber meiner Erlösung von den langjährigen Qualen zu nennen, da er der einzige ist, den ich auffinden konnte (und ich habe gesucht genug!), aber eine solche Ver= öffentlichung seines Namens könnte ungeeignet erscheinen. Ich muß mich deshalb damit begnügen, meine persönlichen Erfahrungen dem Publikum zur Prüfung vorzulegen, in der Hoffnung, meine Leser werden sie sorgfältig bedenken und dabei sowohl alle etwaigen Fehler in Stil und Ausdruck, als die scheinbare Anmaßung, welche vielleicht in ihrer Veröffentlichung liegt, mir gütigst verzeihen.

Ich war in einiger Verlegenheit, wie ich die Veröffentlichung am besten bewirken sollte. Eine Zeit lang dachte ich daran, einen Brief dar= über in ein medicinisches Journal (the Lancet) einrücken zu lassen. Bei näherer Ueberlegung stand ich jedoch davon ab, weil ich zweifelte, ob ein in der ärztlichen Welt ganz Unbekannter ohne specielle Empfehlung von com= petenter Seite auch Beachtung finden würde. Im Aprilheft des Cornhill Magazine las ich mit großem Interesse einen Artikel über den Gegenstand, der leidlich gut die Folgen des Zustandes besprach, aber kein bestimmtes Heilmittel angab, ja nicht einmal eine bestimmte Lösung des Problems brachte: „Was ist die Ursache der Fettsucht?" Der Artikel im Ganzen gefiel mir, an manchen Theilen jedoch hatte ich auszusetzen und verfaßte deshalb einen Brief an den Herausgeber jenes Magazins, worin ich ihm meine Erfahrungen über den Gegenstand anbot. Allein auch hier fiel mir bei, daß ein ganz Unbekannter, wie ich es bin, wenig Aussicht haben würde, beachtet zu werden. So beschloß ich endlich, diese Brochüre drucken zu lassen und zu verbreiten, in keiner andern Absicht und Erwartung, nur angetrieben von dem lebhaften Wunsche, denen zu helfen, die an demselben Uebel noch leiden, an dem auch ich litt; denn ich bin fest überzeugt, daß übermäßige Körperfülle heilbar ist, und werde mich freuen, wenn ich auch Andere zu dieser Ansicht bekehren kann. Um diese Absicht zu erreichen, muß ich in specielle Einzelheiten eingehen und auf längstverflossene Jahre zurück= kommen. Denn nur so kann ich zeigen, daß ich weder Mühe noch Kosten gescheut habe, das große Ziel zu erreichen, meine Korpulenz in Schranken zu halten und zu heilen.

Ich bin nun fast 66 Jahre alt, etwa 5 Fuß 5 Zoll lang*) und wog

---

*) Der englische Fuß ist etwas kleiner als der preußische und die obige Körper= länge entspricht etwa 5 Fuß 3½ Zoll preußisch, oder 165½ Centimetern. Sie ent= spricht ziemlich genau der mittleren Durchschnittsgröße eines erwachsenen Mannes.

im August 1862 202 Pfund.*) Gegenwärtig, im Mai 1863, wiege ich
167 Pfund**), was seit August für die Woche eine durchschnittliche Gewichts=
abnahme von etwa 1 Pfund ergiebt. Habe ich damit das glückliche Durch=
schnittsgewicht auch noch nicht ganz erreicht, so hoffe ich doch zuversichtlich,
daß einige Wochen später die Absicht vollkommen erreicht sein wird, der
ich in den letzten dreißig Jahren unablässig nachgestrebt habe, wiewohl lange
vergebens, bis es endlich der allmächtigen Vorsehung gefiel, mich auf den
rechten Weg, so zu sagen „den Pfad einer glücklichen und behaglichen
Existenz" zu leiten.

Wenige Menschen haben ein thätigeres Leben geführt — sowohl körper=
lich als geistig —, als ich es in Folge einer angeborenen ängstlichen Neigung
für Pünktlichkeit und Ordnung während einer 50jährigen Geschäftslaufbahn,
aus der ich mich nun zurückgezogen habe, that. Meine Korpulenz und Fett=
sucht entstand daher weder durch Vernachlässigung der nöthigen Körper=
bewegung, noch durch Uebermaß im Essen und Trinken oder durch Schwel=
gereien irgend welcher Art, doch genoß ich die einfachen Nahrungsmittel:
Brod, Milch, Butter, Bier, Zucker und Kartoffeln in größerer Menge als
dem Bedürfnisse meines bejahrten Körpers entsprach, und dies hat, wie ich
glaube, den „Parasiten" erzeugt, der so schädlich für das Wohlbefinden, ja
selbst für die Gesundheit ist.

Ich denke nicht daran, hier ein Langes und Breites über die Bestand=
theile und Gewebe des menschlichen Körpers und über die Art, wie sie um=
gewandelt und erneuert werden, zu sagen. Diesen Gegenstand, den ich
weder besprechen will noch kann, muß ich den weisen Köpfen wissenschaft=
lich gebildeter Aerzte überlassen. Kein Glied meiner Familie, weder von
väterlicher, noch von mütterlicher Seite hatte eine Neigung zur Korpulenz,
und ich selbst hatte von frühester Jugend an eine unaussprechliche Angst
vor einem solchen Unglück. Als ich daher in den dreißiger Jahren meines
Alters eine gewisse Neigung dazu bei mir verspürte, berieth ich mich mit
einem ausgezeichneten Arzte, einem lieben, jetzt längst verstorbenen Freunde,
der mir empfahl, ich sollte mir vor Beginn meiner gewöhnlichen täglichen
Geschäfte etwas mehr Bewegung machen und Rudern dazu für sehr zweck=
mäßig hielt. Da mir ein schweres, gutes Boot zur Verfügung stand und
ich nahe am Flusse wohnte, so trieb ich dieses täglich frühmorgens ein Paar
Stunden lang. In der That gewann ich dadurch Muskelkraft — aber zu=

---

*) = 183 Pfund Zollvereinsgewicht. Das Durchschnittsgewicht eines Erwach-
senen von Banting's Größe beträgt nur 131 Pfund Zollvereinsgewicht. Verf. wog
also über 50 Pfund zu viel.

**) = 151 ½ Pfund Zollvereinsgewicht.

gleich einen fabelhaften Appetit, und da ich diesem nachgab, so nahm ich immer mehr an Gewicht zu, bis mein lieber alter Freund mir rieth, diese Art Be= wegung aufzugeben. Bald darauf starb derselbe, und da die Neigung zur Korpulenz blieb, so consultirte ich andere in der öffentlichen Meinung hoch= stehende ärztliche Autoritäten (niemals Aerzte untergeordneten Ranges), aber immer vergebens. Ich versuchte Seeluft und Bäder an verschiedenen Orten, mit viel Bewegung zu Fuß: nahm Einer voll Arzneien und große Mengen Liquor potassae*). Auch Reiten betrieb ich, brauchte oft Kuren in den Bädern von Leamington, Cheltenham und Harrowgate: zeitweise beschäftigte ich mich wie ein Tagelöhner und begnügte mich mit der Kost eines solchen; auch habe ich keine Mühe und Kosten gescheut, unsere besten Aerzte zu consultiren, wobei ich jedem die nöthige Zeit zur Anwen= dung seiner Kurmethode gestattete; — Alles jedoch ohne dauernden Erfolg, da das Uebel trotzdem stetig zunahm.

Den meisten dieser ärztlichen Berather fühle ich mich verpflichtet für die Mühe und das Interesse, welches sie auf mich verwandten; aber nur einem Einzigen für eine wirklich erfolgreiche Behandlung.

Wenn ein korpulenter Mensch mit Appetit ißt und trinkt und einen gesunden Schlaf hat, über keine Schmerzen klagt und an keiner besonderen organischen Krankheit leidet, scheinen auch geschickte Aerzte meist nicht im Stande, den Fall richtig zu beurtheilen. Denn mir wurde fast von allen ge= sagt, daß Körperfülle eine der natürlichen Folgen des zunehmenden Alters ist. So erzählte mir einer der geschicktesten Aerzte im Lande, er hätte seit Voll= endung seiner körperlichen Entwickelung jedes Jahr um ein Pfund an Ge= wicht zugenommen, und sei daher von meinem Zustande nicht überrascht. Er rieth mir nur mehr Körperbewegung, Dampfbäder mit nachfolgendem Abreiben und Kneten als Unterstützung einer Medicin, die er verordnete. Dennoch nahm das Uebel immer zu, und wenn es auch, wie die Muscheln, welche sich als Parasiten an ein Schiff anhängen, das Fahrzeug nicht zer= störte, so hinderte es doch seinen raschen und behaglichen Gang auf der Fahrt des Lebens.

Vielleicht zwanzigmal in eben so viel Jahren habe ich zur Beseitigung dieses Uebels mein Lebensschiff in Reparatur gegeben, aber mit wenig gutem Erfolg, wenigstens keinem nachhaltigen. Jeder so Leidende ist oft in der Oeffentlichkeit Bemerkungen ausgesetzt, und wenn er sich auch in seinem Gewissen wenig darum kümmert, so bin ich doch überzeugt, daß Niemand, der an einem hohen Grade von Korpulenz leidet, ganz unempfindlich sein

---

*) Zerflossene oder aufgelöste Pottasche, welche aus Abtheil. II. § 9, 14 und 23 angegebenen Gründen gegen Fettsucht empfohlen wird.

kann gegen die spöttischen Bemerkungen roher und unverständiger Leute bei öffentlichen Versammlungen, in Eisenbahnwagen, Postkutschen, Omnibus oder auf der Straße: ebenso wenig gegen den Aerger, wenn er sich nicht des nöthigen Raumes an einem öffentlichen Orte zu erfreuen hat, den er besucht, um Zerstreuung oder Erfrischung zu finden — er hält sich daher so viel als möglich fern von Gelegenheiten, wo er voraussichtlich zum Gegenstand von Sticheleien und Bemerkungen Anderer wird. Ich kümmere mich wahrlich um solche Bemerkungen an öffentlichen Orten nicht mehr als die meisten Menschen, und doch habe ich diesen Uebelstand tief gefühlt, deshalb Orte vermieden, wo ich fürchten mußte, Aufmerksamkeit zu erregen oder mich mit zu wenig Platz begnügen zu müssen, und habe dadurch manche Annehmlichkeiten und Genüsse, ja manche Vortheile für meine Gesundheit entbehren müssen.

Wiewohl ich nicht sehr groß bin und meine Dicke nicht das äußerste Maß erreichte*), konnte ich mich doch nicht so tief bücken, um so zu sagen „meine Schuhriemen aufzulösen“, und mancherlei kleine Dienste, welche Menschlichkeit und Galanterie verlangen, nur mit großer Beschwerde und solcher Anstrengung verrichten, wie sie kaum Jemand anders als eine korpulente Person zu würdigen weiß. Ich war genöthigt, die Treppen langsam rückwärtsgekehrt herabzusteigen, um den schwankenden Druck meines vermehrten Körpergewichts auf die Knöchel= und Kniegelenke zu vermindern**), und mußte bei jeder geringen Anstrengung, namentlich beim Hinaufsteigen von Treppen, keuchen und schwitzen, wiewohl ich keine Mühe sparte, diesem durch „schlechtes Leben“ entgegenzuwirken. Mäßigkeit und leichte Nahrung war mir nämlich fast von allen Aerzten vorgeschrieben worden, aber ich erhielt keinen genauen Küchenzettel, so daß ich darüber in Zweifel blieb, was man eigentlich beabsichtigte. Dadurch wurde mein Körper geschwächt, ohne daß doch die Korpulenz abnahm, es zeigten sich zahlreiche lästige Schwären und Beulen, ja selbst zwei gefährliche Carbunkeln, die zum Glück von geschickter Hand operirt wurden und — meine Fettsucht nahm dabei zu.***)

---

*) Man hat Beispiele von Menschen, die 600 Pfund und darüber wogen.

**) Die eigentlichen Gründe dieser Nothwendigkeit s. II. § 17.

***) Diese schlichte Darstellung des Verf. ist sehr lehrreich. Sie zeigt, daß die ihn damals berathenden Aerzte sich über die richtigen Grundsätze der Ernährung, welche in diesem Falle angewandt werden müßten, nicht klar waren. Ueberhaupt versteckt sich hinter der Verordnung einer „leichten, schweren, nahrhaften ꝛc.“ Kost gar häufig eine Unklarheit des verordnenden Arztes, sie giebt überdies, wo dies nicht der Fall ist, leicht insofern zu Mißverständnissen Veranlassung, als der Arzt darunter etwas Anderes versteht, als der Kranke oder seine Umgebung. Anstatt dieser unbe-

Zu dieser Zeit (etwa vor 3 Jahren) kamen türkische Bäder in die Mode und mir wurde gerathen, sie als ein Heilmittel zu versuchen. Die ersten, die ich brauchte, brachten mir großen Nutzen. Sie hoben meine Kräfte und steigerten die Elasticität des Körpers beim Gehen, so daß ich schon glaubte, damit den „Stein der Weisen" gefunden zu haben, und sie, drei die Woche, fortgebrauchte, bis ich 50 genommen hatte, dann seltener (da ich mir, wohl nicht ohne Grund, einbildete, daß so viele meinen Körper schwächen könnten), bis ich 90 genommen hatte. Da ich indessen während dieser ganzen Kur es nicht dahin bringen konnte, daß ich mehr als 6 Pfund an Körpergewicht verlor, so gab ich sie, als für mich nutzlos, auf. Doch bin ich vollständig überzeugt von ihrem Werthe als Reinigungsmittel, sowie bei Erkältungen, Rheumatismen und manchen anderen Leiden. *)

---

stimmten Ausdrücke sollte daher immer ein bestimmter Küchenzettel vorgeschrieben werden. Die Gründe, warum eine „leichte Kost", d. h. sogenannte Respirations= mittel die Fettsucht vermehren, s. II. § 8. u. 12.

*) Auch dieser Passus ist sehr beachtenswerth. Die von B. geschilderten Erfolge und Nichterfolge entsprechen, wie sich auch nicht anders erwarten läßt, vollkommen den durch zahlreiche Erfahrungen und Versuche gewonnenen Lehrsätzen der wissen= schaftlichen Heilkunde und lassen sich aus ihnen erklären. Badekuren, nicht blos die von B. gebrauchte türkische, auch die meisten anderen, steigern durch Anregung des Stoffwechsels und der Hautnerven die Körperenergie. Aber sie thun dies nicht da= durch, daß sie „Kraft" geben, sie wecken nur die im Körper schlummernde, und der Organismus selbst muß die Kosten dafür bestreiten. Sollen sie wirklich nützen, so muß der Körper die nöthige Kraft, resp. das Material dazu noch besitzen, oder wenigstens während der Badekur anderswoher, durch zweckmäßige Nahrung oder Arzneien, in den Besitz derselben gelangen. Dies ist einer der Gründe, warum es zweckmäßig ist, daß jede Badekur, die nicht von einem Gesunden, der einen hin= reichenden Vorrath von schlummernder „Kraft" besitzt, zur momentanen Anregung und Erfrischung, sondern von einem Kranken zur Erreichung bestimmter Heilzwecke unternommen wird, sorgfältig von einem einsichtigen Arzt überwacht werde. Bei Banting, dessen Körper durch die vorausgehende unzweckmäßige Ernährung ge= schwächt war, hatte die Badekur daher nur im Anfang einen günstigen Erfolg, solange sein geringer Vorrath von „Kraft" den durch die Kur hervorgerufenen gesteigerten Stoffwechsel bestreiten konnte. In anderen Fällen dagegen, in denen es dem Körper nicht an einem Vorrath von Material zur nöthigen Entwicklung von Kraft fehlt, kann eine Badekur oder auch eine in vieler Hinsicht ähnlich wirkende Trinkkur in Carlsbad, Marienbad, Kreuznach, Vichy rc. rc. als eine wesentliche Unterstützung bei Behand= lung der Fettsucht dienen, oder wenigstens als eine Palliativkur, um für eine Zeit lang Linderung zu erreichen. (Vergl. §. 23 unter 3.) Banting's Urtheil ist daher in diesem Falle ungerecht, wie leider so häufig das Urtheil von Laien, die aus einer einzelnen ganz richtigen Beobachtung über den Erfolg oder Nichterfolg eines Mittels allgemeine Schlüsse ziehen über den Erfolg desselben Mittels in Fällen, in denen er nothwendig ein anderer sein muß, weil eben die Bedingungen, von denen der Erfolg oder Nichterfolg abhängt, andere sind.

Darauf bildete ich mir ein, daß ein leichter Nabelbruch, an dem ich litt, von meiner zunehmenden Fettsucht abhänge oder wenigstens dadurch begünstigt werde*), ebenso ein anderes körperliches Leiden, das mich befallen hatte. Dies veranlaßte mich, andere Aerzte zu consultiren, denen ich für allerlei freundlichen Rath verpflichtet bin, ohne daß sie jedoch, unglücklicherweise, mir helfen konnten. Endlich entschloß ich mich, da ich fand, daß mein Gesicht abnahm, und auch mein Gehör sehr geschwächt war, letzten August einen ausgezeichneten Ohrenarzt zu Rathe zu ziehen. Dieser nahm den Fall leicht, guckte mir in die Ohren, reinigte sie mit dem Schwamm und legte Blasenpflaster dahinter, ohne den allergeringsten Nutzen für mich und ohne daß er sich weiter um eines meiner Körperleiden bekümmerte. Er hielt dies wahrscheinlich für unnöthig, und ließ mir nicht einmal Zeit, ihm davon zu sprechen.

Ich war damit ganz und gar nicht zufrieden, befand mich im Gegentheil hinterher schlechter, als wie ich zu ihm ging. Bald darauf verließ er die Stadt, um seine jährliche Erholungsreise anzutreten, und das war das größte Glück, welches mir möglicherweise zu Theil werden konnte, denn es veranlaßte mich, andere Hülfe zu suchen, und dabei kam ich zum Glück endlich an den rechten Mann. Dieser sagte mir sogleich, er glaube, daß meine Leiden hauptsächlich von meiner Korpulenz abhingen, und verordnete mir eine bestimmte Diät — keine Medicin, mit Ausnahme eines Herzstärkungsmittels am Morgen — mit unendlichem Vortheil und Wirkung auf mein Gehör sowohl als auf die Abnahme meiner Korpulenz.

Um die Sache anschaulich zn machen, will ich annehmen, daß es unter den gewöhnlichen Nahrungsmitteln gewisse giebt, die, wenn auch in der Jugend nützlich und unschädlich, doch im Alter schädlich werden, etwa wie Bohnen für ein Pferd, dessen naturgemäßes Futter Heu und Hafer bildet. Solche Nahrungsmittel mögen gelegentlich, unter besonderen Umständen, nützlich sein, aber beständig gebraucht, sind sie schädlich. Ich will sie daher, das obige Gleichniß gebrauchend, „Bohnen für den Menschen" nennen. Als solche Dinge, die ich soviel als möglich vermeiden sollte, wurden mir genannt: — Brod, Butter, Milch, Zucker, Bier und Kartoffeln. Gerade sie hatten aber bisher die hauptsächlichen (und, wie ich glaubte, unschädlichen) Bestandtheile meiner Nahrung gebildet, oder ich hatte wenigstens viele Jahre lang reichlich davon genossen. Mein trefflicher Arzt sagte mir, diese Dinge, weil sie Stärke und Zucker**) enthielten, bewirkten eine Neigung

---

*) Diese Einbildung war ganz richtig; vergl. II. §. 17.

**) Auch Fett, das in solchen Fällen meist unter die schädlichsten der später II. §. 8 aufgezählten sogenannten „Respirationsmittel" gehört. Banting hat dies

zur Fettbildung und sollten daher alle vermieden werden. Im ersten Augenblick schien es mir, als wenn nun wenig übrig bliebe, wovon ich leben könnte, allein mein theilnehmender Freund belehrte mich bald, daß es mir an großer Auswahl nicht fehle. Ich fühlte mich zu glücklich, um nicht gleich den Versuch zu machen, und — siehe da! in wenigen Tagen fand ich mich durch Befolgung der gegebenen Vorschriften unendlich gebessert. Es wird die Sache am anschaulichsten machen, wenn ich hier mittheile, was mir zu genießen erlaubt ist, und Jedermann wird die Ueberzeugung gewinnen, daß der Mann ganz außerordentlich anspruchsvoll, ja ein wahrer Nimmersatt sein müßte, der sich eine reicher besetzte Tafel wünschen wollte:

Zum Frühstück genieße ich 8 bis 10 Loth von Rind- oder Hammelfleisch, Nieren, gebratenen Fisch, Schinken oder von irgend einem kalten Fleische (mit Ausnahme von Schweinefleisch); eine große Tasse Thee (jedoch ohne Milch und Zucker), etwas Zwieback oder 2 Loth geröstetes Brod ohne Butter.

Als Mittagessen 10 bis 12 Loth von irgend einem Fische - (mit Ausnahme von Lachs)*), irgend einem Fleische (mit Ausnahme von Schweinefleisch), irgend ein Gemüse (mit Ausnahme von Kartoffeln), 2 Loth geröstetes Brod oder Compot von irgend welchen Früchten, irgend eine Art von Geflügel**) oder Wild und 2—3 Gläser eines guten Rothweines, Xeres oder Madeira — Champagner, Portwein und Bier sind verboten.

Nachmittags: 4 bis 6 Loth Obst, 1 bis 2 große Zwiebäcke, und eine Tasse Thee ohne Milch und Zucker.

Zum Abendessen: 6 bis 8 Loth Fleisch oder Fisch, wie Mittags, und 1 bis 2 Glas Rothwein.

Als Schlaftrunk, wenn solcher nöthig: eine Portion Grog (von Branntwein oder Rum, aber ohne Zucker), oder 1 bis 2 Glas Rothwein oder Xeres.

Dieser Lebensplan führt zu einer vortrefflichen Nachtruhe, mit 6 bis 8 Stunden gesunden Schlafs. Das geröstete Brod oder der Zwieback kann durch einen Eßlöffel voll Branntwein etwas saftiger gemacht werden. Vielleicht gelang es mir auf diese Weise nicht vollständig, alle Stärke oder

---

wohl überhört, oder „der treffliche Arzt" in seiner kurzen theoretischen Explication es zu nennen vergessen. Die schädliche Wirkung desselben war ihm jedenfalls nicht unbekannt, da er ja die „Butter" von der Speisekarte ausschloß, die weder Stärke noch Zucker, nur Fett enthält.

*) Auch Aal ist zu vermeiden.

**) Fetter Gänse- und Entenbraten, sowie gefüllte Tauben, sind jedoch nicht zu empfehlen.

Zucker ähnlichen Substanzen zu vermeiden *), aber ich verzichtete wenigstens gewissenhaft auf jene „Bohnen", wie Milch, Zucker, Bier, Butter u. bergl., von denen ich wußte, daß sie solche enthalten.

---

*) Dieser Zweifel Banting's ist vollkommen begründet, denn auch die von ihm gewählte Nahrung enthält immer noch eine nicht unbeträchtliche Menge von „Respirationsmitteln" (s. II. §. 8.). Aber einen gewissen Antheil an diesen sollte jede Nahrung enthalten, nur ein Uebermaß davon ist schädlich. Wann ein solches Uebermaß eintritt, d. h. welches die Menge von dergleichen Stoffen ist, die nicht ohne Schaden überschritten werden darf, das hängt theils von der Körperconstitution, theils von anderen Umständen, Lebensweise, Ruhe oder Thätigkeit ꝛc. ab, ist daher nicht blos für verschiedene Personen, sondern selbst für dieselbe zu verschiedenen Zeiten häufig verschieden. Es ist daher rathsam, eine solche Kur nicht ohne ärztlichen Rath und ärztliche Ueberwachung einzuleiten, wie dies auch Banting (s. später) anempfiehlt. Auch ist Banting's Küchenzettel, wiewohl auffallender Weise die Zeit und Anordnung seiner Mahlzeiten mehr mit deutschen als den englischen Lebenseinrichtungen harmonirt, doch vielfach deutschen Gewohnheiten nicht entsprechend.

Ich schlage daher folgende, mehr unseren Sitten angepaßte Modification vor, wobei ich absichtlich in Bezug auf Menge wie Beschaffenheit des zu Genießenden einen gewissen Spielraum lasse, damit Niemand in Versuchung gerathe, seinen Küchenzettel ohne vorherige Berathung mit seinem Arzte pedantisch darnach einzurichten.

Als Frühstück werden wohl die Meisten hier zu Lande Kaffee dem Thee vorziehen. Er kann in der gewohnten Menge genossen werden; am besten allerdings ohne Milch und Zucker, doch wird ein mäßiger Zusatz von beiden Solchen, welche dies schwer entbehren können, keinen wesentlichen Nachtheil bringen. Dazu am besten etwas trocken geröstetes Brod, Zwieback (der aber weder sehr süß, noch sehr fett sein soll), allenfalls auch Weißbrod, dieses aber weder ganz frisch, noch sehr fett. Der Genuß von Butter, sowie von Kuchen, ist jedenfalls zu vermeiden. Wer an ein substantielleres Frühstück gewöhnt ist, mag ein Paar weiche Eier oder etwas kaltes Fleisch oder rohen Schinken beifügen.

Für Solche, die ein zweites Frühstück bedürfen, weil ihre Essenszeit eine späte ist (Andere thun besser, darauf zu verzichten), besteht dasselbe am besten aus weichen Eiern, kaltem Fleisch, Schinken oder Zunge mit etwas nicht zu frischem Brode. Als Getränk dazu etwas leichter Wein oder eine Tasse Thee, mit möglichst wenig Milch und Zucker.

Zum Mittagessen eignet sich am besten: eine dünne Fleischbrühsuppe, ohne viel Zusatz von Graupen, Sago, Brod u. bergl. — gekochtes oder gebratenes Fleisch — etwas leichtes Gemüse oder Compot, Alles nicht fett. Ein Paar gekochte (nicht gebratene) Kartoffeln und etwas Brod dabei, sind unbedenklich. Es ist dies eine Kost, wie sie in den meisten Bade- und Brunnenorten als eine sogenannte kurmäßige eingeführt ist, die sich aber auch in den Haushaltungen solcher Patienten meist leicht beschaffen läßt. Wo die Verdauung gut ist, kann auch rohes Obst aller Art, das bei Brunnenkuren mit Rücksicht auf den Einfluß der Mineralwässer auf die Verdauungsorgane verpönt ist, ohne Anstand genossen werden, da in demselben der Wassergehalt überwiegt und die Menge der „Respirationsmittel" verhältnißmäßig gering ist.

Nachmittags ist Kaffee, am besten schwarz, unbedenklich.

Des Morgens nach dem Aufstehen nehme ich einen Eßlöffel voll von einer besonderen Herzstärkung, die man wohl einen „Lebens=Balsam" nen= nen kann, in einem Weinglase voll Wasser, ein höchst wohlthuender Schluck und wie es scheint, geeignet, all den Unrath wegzuführen, der nach der Verdauung im Magen übrig bleibt, doch hat er keine eröffnende Wirkung *).

Alsdann nehme ich etwa 10 bis 12 Loth Festes und 16 Loth Flüssiges zum Frühstück; 16 Loth Festes und 16 Loth Flüssiges zum Mittagessen; 6 Loth Festes und 16 Loth Flüssiges am Nachmittag; 8 Loth Festes und 12 Loth

---

Als Abendessen paßt je nach Neigung oder Gewohnheit Fleischbrühsuppe oder Thee mit kaltem Fleisch, Schinken, weichen Eiern, Salat und etwas Brod.

Zum Getränk eignet sich, je nach der Tages= und Jahreszeit, Wein in mäßiger Menge (auf die Qualität, wenn sie auch in anderer Hinsicht Berücksichtigung verdient, kommt für unseren Zweck weniger an, und es macht keinen wesentlichen Unterschied dabei, ob er weiß oder roth ist, auch ein Paar Gläser Champagner, wiewohl Banting diesen in die Acht erklärt, sind gelegentlich unbedenklich), — Aepfelwein, dessen Ge= brauch gegen Fettsucht in Deutschland bereits vielfach empfohlen wurde; doch ist bei seiner Anwendung in größerer Menge Vorsicht anzurathen, — Wasser — namentlich aber die in neuerer Zeit so beliebt gewordenen und überall leicht zu habenden kohlen= sauren Wässer, Selterwasser, Sodawasser und dergl. Sie ersetzen am besten für die Meisten das Bier, dessen reichlicher Genuß für die an Fettsucht Leidenden jedenfalls zu den schädlichsten Dingen gehört. Es wirkt um so schädlicher, je gehaltreicher es ist, und sollte daher von Allen, die Neigung zur Korpulenz haben, nur mit großer Vor= sicht genossen werden. Gerade dieser Umstand wird bei uns, namentlich in manchen Theilen von Süddeutschland, für viele an Korpulenz Leidende ein Hinderniß bilden, Banting's Heilmethode anzuwenden, weil ein Verzichten auf Biergenuß für sie häufig gleichbedeutend ist mit Verzichten auf eine ihnen zur Gewohnheit gewordene, ja von den Verhältnissen geforderte Geselligkeit — ein Opfer, das für die Meisten schwer, für Viele geradezu unmöglich sein wird. Solchen möchte ich rathen, so weit es geschehen kann, statt Bier kohlensaures oder Soda=Wasser ꝛc. zu trinken, und wo dies nicht angeht, ihren Biergenuß auf die möglichst geringe, durch die Verhältnisse unbedingt gebotene Menge zu beschränken und dafür bei ihren Mahlzeiten eine ent= sprechende Menge von Respirationsmitteln (II. §. 8.) weniger zu genießen.

Aber nicht in allen Fällen wird die hier geschilderte, oder die von Banting empfohlene rein diätetische Behandlungsweise zur Heilung der Fettsucht ausreichen. Hierfür spricht bereits die Erfahrung, daß nicht alle die zahlreichen Personen, welche durch eine Brunnenkur in Carlsbad oder anderswo, mit der ja in der Regel eine Banting's Vorschriften entsprechende Diät verbunden ist, Heilung von ihrer Kor= pulenz suchten, diese auch wirklich fanden. In solchen Fällen müssen zur Unter= stützung der biätetischen Kur noch andere Mittel dienen, deren Wirkungsweise Abth. II, namentlich §. 23. geschildert ist. Da diese Mittel mit genauer Berücksichtigung aller Verhältnisse den einzelnen Fällen angepaßt werden müssen, und ihre Anwendung nicht ohne alle Gefahr ist, so werden Alle, denen ihre Gesundheit lieb ist, dabei einer ärztlichen Berathung und Beaufsichtigung nicht entbehren wollen.

*) Worin diese „Herzstärkung" besteht, giebt Verf. später genauer an. Er sagt, daß sie eine alkalische Arznei ist, also nicht etwa ein Schnaps und dergl.

Flüssiges zum Abendessen, und schließlich noch, wenn ich Lust habe, den Grog. Jedoch binde ich mich nicht genau an die angegebene Menge bei jeder Mahlzeit und begnüge mich damit, nur die Art der Nahrung genau einzuhalten. ·

Meine Erfahrung hat mich zu dem Glauben gebracht, daß diese „Bohnen für Menschen" die hinterlistigsten Feinde sind, die es für einen Mann mit einer Neigung zur Korpulenz in späteren Lebensjahren nur geben kann, wiewohl sie der Jugend außerordentlich gut bekommen. Wer nicht sich selbst am Narrenseile herumführen will, mag daher gegen einen solchen Feind auf seiner Hut sein, und ich hoffe inbrünstig, daß diese meine ungeschminkte Erzählung Jeden, den es angeht, dazu veranlassen möge, einen Versuch mit meiner Methode zu machen, die ich der allgemeinen Be-achtung aufrichtig empfehle — nicht aus Eitelkeit, sondern in der schlichten ehrlichen Absicht, auch meine Mitmenschen des wunderbaren Segens theil-haftig zu machen, der mir in der kurzen Zeit von wenigen Monaten zufiel.

Ich bin weit davon entfernt, jedem korpulenten Menschen den Rath zu geben, sich über Hals und Kopf in einen solchen Wechsel der Nahrungs-weise zu stürzen (wahrhaftig nicht!), sondern im Gegentheil es mit Ueberlegung zu thun, und nach gründlicher Berathung mit einem Arzte.

Mein früherer Küchenzettel war: als Frühstück Brod und Milch, oder eine Pinte *) Thee mit viel Milch und Zucker, nebst geröstetem Brod mit Butter; als Mittagessen: Fleisch, Bier, viel Brod (das ich immer sehr gerne aß) und Pastete oder andere Mehlspeise; Nachmittags wie das Früh-stück; Abendessen meist Obstkuchen oder Brod und Milch. Dabei fühlte ich mich selten behaglich und hatte noch seltner einen gesunden Schlaf.

Jetzt fühle ich selbst, daß mein gegenwärtiger Küchenzettel meinen früheren weit übertrifft — er ist viel luxuriöser und besser, ganz abgesehen von seiner heilsamen Wirkung. Sobald aber der Nachweis geliefert ist, daß er gesünder ist, wird jede Vergleichung lächerlich und ich kann mir kaum denken, daß Jemand, selbst in gesunden Tagen, den ersteren vorziehen würde, sogar wenn er der Gesundheit nicht feindlich wäre. Hat sich aber, wie bei mir, gezeigt, daß er der Gesundheit wie dem Wohlbehagen schädlich ist, so wird es wohl Niemanden geben, der nicht gerne darauf verzichtete. Ich kann gewissenhaft bezeugen, daß ich mich nie so wohl befand, als bei meiner neuen Ernährungsweise, von der ich früher geglaubt haben würde, daß sie eine gefährliche Uebertretung der Gesundheitsregeln einschließe. Ich fühle mich, geistig wie körperlich, sehr viel besser und gefalle mir in dem Glauben,

---

*) 1 Pinte ist fast genau ½ preuß. Quart oder ⅖ österreich. Maß — etwas mehr als ½ Liter.

daß ich die Zügel der Gesundheit und des Wohlbehagens in meinen eigenen Händen halte, und wiewohl ich im Alter von 65 Jahren nicht erwarten kann, künftig von der natürlichen Gebrechlichkeit befreit zu bleiben, welche ein Erbtheil alles Fleisches ist, so kann ich doch gegenwärtig über Nichts klagen. Es ist ein wahres Wunder und ich danke der allmächtigen Vor=sehung, daß sie mich durch einen außerordentlichen Glücksfall an einen Mann wies, der in so kurzer Zeit eine solche Veränderung bewirken konnte.

Möchten doch die Aerzte sich besser vertraut machen mit dem himmel=schreienden Uebel der Fettsucht — diesem schrecklichen, quälenden Wurm, der an Gesundheit und Wohlbehagen nagt! Dann würden ihre Mitmenschen nicht vorzeitig in's frühe Grab sinken, wie dies nach meiner Meinung bei Vielen in Folge eines sogenannten Schlagflusses der Fall ist; jedenfalls würden sie während ihrer irdischen Pilgerschaft nicht so viele körperliche und folglich auch geistige Leiden zu erdulden haben.

Das übermäßige Körperfett muß jedenfalls, wenn es auch keine wirk=lichen Schmerzen macht, nach meiner Ansicht die Eingeweide zusammen=pressen, einen Theil gegen den anderen drücken und so die freie Thätigkeit von allen hindern. Wenigstens glaube ich, daß dies bei mir der Fall war, und das Ergebniß meiner Erfahrung ist kürzlich Folgendes:

Ich habe mich in den letzten 20 Jahren nie so wohl gefühlt, als gegenwärtig.

Habe nicht den geringsten Nachtheil vom Gebrauche des von mir erprobten Heilmittels gehabt.

Habe innerhalb 38 Wochen viele Zolle an Körperumfang und 35 Pfund an Gewicht verloren.

Kann die Treppen auf die gewöhnliche Weise vorwärtsgekehrt und mit vollkommener Leichtigkeit herabkommen.

Steige die Treppen hinauf und mache mir tüchtige Bewegung ohne die allergeringste Unbequemlichkeit.

Kann mir selbst jeden nöthigen körperlichen Dienst leisten.

Mein Nabelbruch ist sehr gebessert und ängstigt mich nicht mehr.

Mein Gesicht ist wieder hergestellt — mein Gehör gebessert.

Meine anderen körperlichen Beschwerden sind gebessert, ja fast ganz verschwunden.

Ich habe meinem freundlichen ärztlichen Berather, nachdem ich ihm mit Vergnügen das gewöhnliche ärztliche Honorar bezahlt, 50 Pfund Ster=ling übergeben als ein Dankopfer, zur Vertheilung an diejenigen Kranken=anstalten, denen er sie zuwenden will, und fühle mich noch immer tief in seiner Schuld für seine Sorge und Aufmerksamkeit. Ebenso bin ich voll Dank gegen die allmächtige Vorsehung für die erlangte Gnade und entschlossen, als Zeichen meiner Dankbarkeit meinen Fall öffentlich bekannt zu machen.

Es freut mich, daß ich schließlich im Stande bin, noch einen Fall an= zuführen, der zur Bestätigung des von mir Erzählten dient. Ein korpulen= ter Freund von mir, der wie ich im Ganzen eine gesunde Körperconstitution besitzt, dabei aber an häufigen Anfällen von Herzklopfen und Anwandlungen von Ohnmachten litt, wurde durch mein Zureden veranlaßt, sich gleichfalls meinem Arzte anzuvertrauen, mit demselben allmäligen günstigen Erfolge. Er befolgt gegenwärtig dieselben Vorschriften, und hat in 8 Wochen sogar noch mehr Nutzen davon gehabt, als es bei mir in dieser kurzen Zeit der Fall war. Er hat sein Herzklopfen verloren und ist so zu sagen ein neuer Mensch ge= worden — mir dankbar für meinen Rath und erkenntlich gegen den ausge= zeichneten Arzt, an den ich ihn gewiesen, sieht er hoffnungsvoll einer gelun= genen Cur entgegen.

Ich bin fest überzeugt, daß Hunderte, wenn nicht Tausende unserer Mitmenschen ebenso gut von einem ähnlichen Verfahren Nutzen ziehen könnten; allein, da nicht alle Körperconstitutionen gleich sind, so dürfte wohl zur Beseitigung eines so qualvollen Leidens in verschiedenen Fällen auch eine verschiedene Behandlungsweise angemessener sein.

Im Mai 1863.   William Banting sen.

Zusatz zur zweiten Auflage.

Die erste Auflage dieser Brochüre (1000 Exemplare) ist vergriffen und gleichzeitig ist ein ganzes Jahr verflossen, seit ich die bewunderungswürdige Diät begann, die zu so außerordentlich segensreichen Erfolgen führt, und „wie ich hoffte und wünschte" mir dazu verholfen hat, die glückliche Mittel= straße an Körpergewicht und Körperumfang zu erlangen, die in meinem Alter und bei meiner Statur zur Gesundheit nothwendig erscheint, und der ich so lange vergeblich nachgestrebt habe. Ich halte es daher für eine Pflicht gegen das Publikum, meine Erfahrungen in einer zweiten Auflage zu veröffentlichen, die ich (wie die erste) umsonst anbiete, in der ernstlichen Hoffnung, daß sich Aerzte der Sache annehmen und sie gründ= lich erörtern möchten.

Es mag und wird hoffentlich dem Publikum eben so angenehm sein, zu vernehmen, als mir, es auszusprechen, daß die erste Auflage auch anderen an Korpulenz Leidenden ebenso nützliche Dienste geleistet hat, als ich selbst von der geschilderten Behandlungsweise erfuhr. Sie hat überdies einen solchen Erfolg gehabt, mir so schmeichelhafte Complimente und eine solche Menge von Aufmerksamkeiten und Lobsprüchen aller Art zugezogen, wie ich es gar nicht für möglich gehalten hatte. Das mir dadurch zu Theil gewordene Vergnügen ist ein reichlicher Ersatz für meine Kosten und Mühen, und ich hoffe deshalb, daß auch diese zweite Auflage durch eine noch größere Verbreitung in weiteren Kreisen einen ähnlichen Erfolg haben wird. Ist dies der Fall, so wird es mich dazu antreiben, noch weitere Auflagen zu veranstalten, so lange noch eine korpulente Person existirt, der nach meiner Ueberzeugung diese Art Diät nützlich werden kann, oder so lange meine Beweggründe nicht mißverstanden, vielmehr dankbar aufgenommen werden.

Mein Körpergewicht hat um 46 Pfund abgenommen, und da die s e h r a l l m ä l i g e A b n a h m e desselben manche Leser interessiren wird, so macht es mir Vergnügen, den genaueren Vorgang in folgender Tabelle mitzutheilen, da ich glaube, daß dies noch ein weiterer Beweis für die Vortrefflichkeit der Methode ist. Mein Körpergewicht betrug:

			Pfund *)	Pfund *)
am 26. August	1862	202		Abnahme
„ 7. September	„	200	„	2
„ 27. „	„	197	„	3 dazu
„ 19. October	„	193	„	4 „
„ 9. November	„	190	„	3 „
„ 3. December	„	187	„	3 „
„ 24. „	„	184	„	3 „
„ 14. Januar	1863	182	„	2 „
„ 4. Februar	„	180	„	2 „
„ 25. „	„	178	„	2 „
„ 18. März	„	176	„	2 „
„ 8. April	„	173	„	3 „
„ 29. „	„	170	„	3 „
„ 20. Mai	„	167	„	3 „
„ 10. Juni	„	164	„	3 „
„ 1. Juli	„	161	„	3 „
„ 22. „	„	159	„	2 „
„ 12. August	„	157	„	2 „
„ 26. „	„	156	„	1 „
„ 12. September	„	156	„	0 „

Gesammter Gewichtsverlust 46 Pfund.

*) Es sind dies e n g l i s c h e Pfunde, die von unseren etwas abweichen (vergl. S. 4 Anmerk.). Da es sich hier nur um u n g e f ä h r e Angaben handelt, so erschien eine Reduction auf unser Gewicht unnöthig.

Der Umfang meines Körpers um den Unterleib hat nach dem Schnei=
dermaße 12¼ Zoll verloren, was meine Freunde sowie mein verehrter
Arzt nicht glauben wollten, bis ich meine früheren Kleider über die anzog,
welche ich jetzt trage und ihnen damit die große vorgegangene Veränderung
recht augenfällig machte. Und diese wichtigen Veränderungen habe ich erreicht
durch die leichtesten und angenehmsten Mittel, mit nur wenig Beihülfe von
Arznei und fast ausschließlich durch eine Nahrungsweise, die ich früher für
eine übermäßig nahrhafte und dadurch gefährliche gehalten haben würde.
Alle die mich kennen, sagen mir, daß mein Aussehen viel besser geworden
ist und daß ich den Stempel der Gesundheit zu tragen scheine. Das mag
freilich Vielen als ein Compliment oder als eine individuelle Ansicht erschei=
nen, aber ich kann allen Ernstes versichern, daß ich mich „geistig wie körper=
lich" wiederhergestellt fühle, offenbar mehr Muskelkraft und Lebhaftigkeit
besitze, mit gutem Appetit esse und trinke und wohl schlafe. Alle Erschei=
nungen von Säurebildung, Verdauungsbeschwerden und Soodbrennen
(woran ich früher häufig litt) sind verschwunden*). Den Gebrauch von
Stiefelanziehern und anderen solchen Hilfsmitteln, die mir früher unent=
behrlich waren, habe ich aufgegeben, da ich sie jetzt, wo ich mich leicht und
ohne Beschwerde bücken kann, nicht mehr brauche. Das bisweilen sich ein=
stellende Gefühl von Ohnmacht hat sich verloren, und was mir als
große Annehmlichkeit erscheint, ich war im Stande, Kniebandagen, die ich
20 Jahre lang nothwendig tragen mußte, wegzulassen. Auch mein
Bruchband halte ich nicht mehr für nöthig und würde es ganz aufgeben,
wenn man mir nicht gerathen hätte, es sicherheitshalber wenigstens noch
gelegentlich zu tragen.

Nach Veröffentlichung meiner Brochüre fühlte ich mich dazu gedrängt,
meinen früheren Aerzten Exemplare davon zuzusenden und sie um ihre
Ansichten zu ersuchen. Sie bestritten die Zweckmäßigkeit der Methode nicht,
fürchteten aber entweder ihre Anwendung bei einem Manne meines Alters
als nicht gefahrlos, oder glaubten, sie fordere zu große Opfer zu ihrer Durch=
führung. Ich vermuthe, kein einziger von ihnen hat ein richtiges Verständniß
von dem Elend, das Korpulenz in ihrem Gefolge hat. Ein ausgezeichneter Arzt
versicherte mir, wie bereits erwähnt, daß zunehmende Korpulenz eine noth=
wendige Folge zunehmender Jahre sei. Ein anderer, eben so ausgezeichneter,
an den ich von einem sehr freundlichen Dritten gewiesen war, der mich auf
das Aufmerksamste, aber ohne Erfolg behandelt hatte, bewirkte, daß mein
Gewicht im Laufe einiger Wochen statt a b =, vielmehr z u nahm. Dies bringt

---

*) An allem diesen hat sicherlich die von Banting befolgte Diät den Haupt=
antheil.

mich zu der Ansicht, daß die Frage von Seiten der Aerzte nicht hinreichend erörtert ist, ja selbst von ihnen nicht so beachtet wird, wie sie es verdient. Der große Reiz der Methode besteht darin, daß ihre Wirkungen schon in der ersten Woche sichtbar sind, was einen natürlichen Antrieb bildet, die Kur noch ein paar Wochen länger fortzusetzen, wo dann die Thatsache so augenscheinlich wird, daß jeder Zweifel schwinden muß.

Ich bitte daher Alle, die an Korpulenz leiden, nur einen Monat lang einen ernsten Versuch zu machen, da ich fest überzeugt bin, daß sie dann ein Verfahren fortsetzen, welches einen so außerordentlichen Nutzen gewährt, bis sie sich gänzlich und wesentlich erleichtert fühlen, und zwar, ich wieder= hole es, nur dadurch, daß sie eine einfache Kost mit einer viel kräftigeren und angenehmeren vertauschen. Die einfache Kost bringt offenbar Nah= rung zum Feuer, während die beffere und kräftigere daffelbe auszulöschen scheint.

Ich freue mich, behaupten zu können, daß ich den großen Vortheil dieser Methode auch durch ihren Erfolg in verschiedenen anderen Fällen, die dem meinigen ähnlich waren, bestätigen kann, und bin vollständig über= zeugt, daß im Laufe der nächsten zwölf Monate noch viele andere durch diese Methode geheilten Fälle von Korpulenz zu meiner Kenntniß kommen werden, denn ich habe die allerfreundlichsten Briefe von vielen solchen Leidenden, Freunden wie Unbekannten erhalten, ebenso viele mündliche Nachrichten von Andern, mit denen ich darüber gesprochen, und Versicherungen von den Meisten derselben, daß sie mich zu meiner eigenen Privatgenugthuung von dem Ergebnisse freundlich unterrichten wollen. Viele befolgen die Methode nach einer Berathung mit ihrem eigenen Hausarzt, einige Wenige haben sich an meinen Arzt gewandt und Andere befolgen sie auf ihre eigene Hand, nachdem sie durch meine Brochüre die Ueberzeugung von ihrem Nutzen ge= nommen haben, wiewohl ich Allen empfehle, vorsichtig zu verfahren, für den Fall, daß etwa ihre Körperconstitution eine abweichende sein sollte. Ich bin jedoch so sehr eingenommen von dem großen nie fehlschlagenden Nutzen dieser diätetischen Methode, daß ich keine Mühe scheuen werde, meine ge= ringen Erfahrungen zu verbreiten. Der Umfang und die Art meines über den Gegenstand geführten Briefwechsels sind außerordentlich und eigenthüm= lich gewesen, aber für mich höchst befriedigend.

Ich bin nun in jenem glücklichen und behaglichen Zustande, daß ich keinen Anstand nehmen würde, jedem Gelüste in Bezug auf Diät zu folgen, aber wenn ich es thäte würde ich auch die Folgen überwachen und keine Nahrungsweise fortsetzen, bei der mein Gewicht oder Umfang wieder zu= nehmen würde.

Wäre nicht diese Methode Künstlern und Personen von sitzender Lebens=

weise anzurathen, die nicht hinreichende Zeit finden, sich Bewegung zu machen, deßhalb korpulent werden, und die Beweglichkeit ihrer Muskeln durch ein Uebermaß von Fett hemmen, das sich auf diese Weise leicht ver= meiden läßt?*)

Reines gutes Brod mag eine Stütze des Lebens sein, namentlich für jüngere Leute, aber ich bin gewiß, im Alter bekommt es besser, wenn es gehörig geröstet wird, wie ich es thun lasse**). Meine Ansicht ist die, daß alle stärke= oder zuckerartigen Substanzen Neigung zur Fettsucht bei älteren Personen begünstigen, mögen sie nun bereits in dieser Form genossen oder erst im Magen gebildet werden, daß daher Alles vermieden werden sollte, was diese Folgen haben kann, natürlich unter Aufsicht eines vernünftigen Arztes.			**William Banting.**

Schlußbemerkungen.

Es gereicht mir zu großer Zufriedenheit angeben zu können, daß ich nach dem 26. August, an dem ich glücklicher Weise mein normales Mittel erreichte, mehrere Wochen lang denselben Körperumfang beibehielt. Seitdem wechselte mein Gewicht um 2—3 Pfunde, bald mehr bald weniger. Ich habe seitdem nur selten meinen Morgenschluck genommen und habe häufig meinem Gelüste nachgegeben, des Versuchs wegen, Milch, Zucker, But= ter und Kartoffeln zu genießen, ja ich kann sagen, alle die verbotenen Artikel mit Ausnahme von Bier in mäßiger Menge aber ohne Nach= theil, freilich immer nur als Ausnahme, nicht als Regel. Diese Excesse geben mir jedoch die Gewißheit, daß ich die Macht, mich im glücklichen Mittelzustande zu erhalten, in meinen eignen Händen halte.

Der Güte eines Freundes verdanke ich inzwischen die Mittheilung einer Tabelle über das Verhältniß des mittleren Körpergewichts zur Körper= länge.***) Nach dieser sollte mein Körpergewicht beträchtlich geringer sein, als

---

*) Ein solcher Rath, so allgemein ausgesprochen, erscheint mindestens bedenklich. Ein gewisser Grad von Körperbewegung, namentlich in freier Luft, ist zur Gesundheit unentbehrlich, und gerade Fleischkost fordert ihn.

**) Diese Ansicht ist nicht ganz ungegründet, so weit nicht Mangel oder schlechte Beschaffenheit der Zähne ein Hinderniß bilden. Aber dies liegt nicht daran, daß geröstetes Brod weniger Respirationsmittel enthält — deren Menge wird bei leichten Rösten nicht verändert —, sondern daran, daß es für Viele etwas leichter verdaulich wird, wie ja auch frisches Brod viel schwerer verdaut wird, als älteres.

***) Diese vom Verfasser hier mitgetheilte Tabelle ist längst Eigenthum der Wissenschaft und folgt deshalb später im zweiten Abschnitte § 24 mit einigen zu ihrem Verständniß und Gebrauch nöthigen Bemerkungen.

es gegenwärtig der Fall ist.*) Dennoch werde ich nicht nach einem solchen
Erfolge streben, aber ebensowenig mich beunruhigt fühlen, wenn ich noch
etwas mehr an Umfang und Gewicht abnehmen sollte.

Ich bin allerdings empfindlicher gegen Kälte seit ich mein überflüssiges
Fett verloren habe, dem läßt sich jedoch auf eine viel angenehmere und be-
friedigendere Weise durch wärmere Kleidung abhelfen. Viele meiner Freunde
sagten mir: „O so weit haben Sie klug gehandelt, aber nehmen Sie sich
in Acht, daß Sie nicht zu weit gehen." Ich halte eine solche Gefahr bei
einer solchen Diät für sehr unwahrscheinlich, wenn nicht unmöglich. Da
ich jedoch fühle, daß ich gegenwärtig so ziemlich das richtige meiner Statur
und meinem Alter entsprechende Körpergewicht erreicht habe, so würde ich
keinen Anstand nehmen, nöthigenfalls zur Erhaltung dieser glücklichen Pro-
portion gelegentlich zu einer mehr fetterzeugenden Lebensweise zurückzukehren.
Ja mein ärztlicher Rathgeber hat mir das sogar erlaubt, aber ich werde
immer ein wachsames Auge auf mich selbst haben, um die Wirkung zu entdecken und nach ihr zu handeln, so daß ich, wenn ich ein oder zwei Tage,
so zu sagen, mit dem reichen Mann in der Bibel gelebt habe, ich nicht vergessen werde, die nächsten in des armen Lazarus Fußtapfen zu treten.

Das Mittel mag so alt sein als die Welt, wie man mir seitdem erzählt
hat, aber seine Anwendung gehört jedenfalls der allerneuesten Zeit an, und
es befremdet mich, daß ein solches Licht so lange unbemerkt und verborgen
blieb, so daß mein geängstigter Geist nicht einmal einen Schimmer davon
entdecken konnte, wiewohl er in den letzten zwanzig Jahren auf's Eifrigste
danach suchte, selbst an Orten, von denen man hätte erwarten können, daß
es dort nicht unbekannt sein konnte. Ich glaube daher eher, es ist ein neues
Licht, als daß es absichtlich verborgen blieb, blos darum, weil die Krankheit
der Fettsucht nicht unmittelbar lebensgefährlich ist, oder weil man sie keiner
ernstlichen Beachtung für werth hielt.**) Die Aerzte haben wenig Ahnung,
wie viel Jammer und Bitterkeit der Parasit der Korpulenz oder Fettsucht
den daran Leidenden bringt.

Ich kann nun mit gutem Gewissen sagen, daß die Menge der Nahrung am besten dem natürlichen Appetit überlassen bleibt, und daß es nur
die Beschaffenheit derselben ist, welche man bei der Verhütung und Heilung
der Korpulenz im Auge behalten muß. Ich habe in meinem eignen Küchenzettel die Mengen angegeben, weil sie einen Theil einer wahrheitsgetreuen

*) Die Durchschnittszahlen der Tabelle beziehen sich ausschließlich auf jüngere
Männer, die im Alter von 15—40 Jahren stehen. Das Durchschnittsgewicht älterer
Personen, wie Banting, ist nicht unbeträchtlich höher.
**) Vergl. Abtheil. II. Einleitung.

2*

Schilderung bilden. Einige Correspondenten von mir waren jedoch darüber zweifelhaft, ob in ihrem Falle das Quantum nicht etwa größer oder kleiner sein müßte, ein Zweifel, der wohl besser durch ihren eigenen Appetit oder durch ärztlichen Rath gelöst wird. Ich habe darüber eine charakteristische Bemerkung von einem korpulenten Manne gehört, die mir hier am Platze zu sein scheint: „Daß große Häuser zu ihrem Bau viel Material fordern." Das ist jedoch eine schlechte Entschuldigung für solche, welche dem Gelüste nach ungeeigneter Nahrung nicht widerstehen können oder keinen ärztlichen Rath einholen wollen.

Die Korpulenz kommt so allmälig, daß die daran Leidenden selten früher Aufmerksamkeit erregen, als bis sie einen hohen Grad erreicht hat. Ja viele mögen sich selbst über ihr stattliches Aussehen Glück gewünscht und sich nicht nach einem Rath oder einem Mittel umgesehen haben gegen etwas, das sie nicht für ein Uebel hielten; denn ein Uebel ist es in der That, sobald ein gewisser Grad überschritten wird. Das wird aber nach meiner Ueberzeugung fast immer der Fall sein, wenn nicht durch geeignete Mittel eingeschritten wird.

Manche wünschten zu erfahren (wie dies vielleicht auch künftigen Lesern passirt), von welcher Art der Morgenschluck war, oder wo er zu haben ist. Da ich jedoch glaubte, daß es von meiner Seite höchst unvorsichtig sein würde, vorauszusetzen, daß das, was für meine Constitution paßt, auch allen Andern ohne Unterschied angemessen ist, so konnte ich dieselben in Bezug auf alle Dinge, welche über die einfache Diät hinausgehen, nur an ärztlichen Rath verweisen. Doch konnte ich sie versichern, daß es kein geistiges Getränk war, sondern vielmehr einen alkalischen Charakter hatte.*)

Manche, glaube ich, würden sich gern selbst einem starkwirkenden Arzneimittel unterziehen, wenn dadurch ein augenblicklicher Nutzen hervorgebracht werden könnte. Dieses ist jedoch nicht der Zweck der Behandlungsweise, und es kann nach meiner geringen Meinung nur schädlich sein, ein derartiges Leiden rasch heben zu wollen. Solche Leute sind wahrscheinlich allzusehr geneigt, den Muth sinken zu lassen, und betrachten ihr Uebel als eine unvermeidliche Folge ihrer körperlichen Anlage. Viele kehren ohne Zweifel mit diesem Gedanken zu ihrer früheren Lebensweise zurück und werden zu dieser Handlungsweise ermuthigt durch den unverständigen Rath von Freunden, die (wie ich aus dem Briefwechsel weiß, den ich über diesen interessanten Gegenstand geführt habe) auf diese Weise gedankenlose Mitschuldige an dem Untergange derer werden, die sie achten und lieben.

---

*) Ueber die Rolle, welche Alkalien bei Behandlung der Fettsucht spielen, vergl. II. §§ 9, 14 u. 23.

Auch meine vier täglichen Mahlzeiten und der Schlaftrunk gaben reichlichen Anlaß zu Kritiken und scherzhaften Bemerkungen. Ich hätte vielleicht anführen sollen, daß ich zwischen 8 und 9 Uhr frühstücke, zwischen 1 und 2 Uhr zu Mittag esse, zwischen 5 und 6 Uhr vespere, um 9 Uhr zu Abend esse*), und den Schlaftrunk nur dann nehme, wenn ich Neigung dazu habe. Angeführt habe ich alles dieses, weil es einen Theil der ganzen Methode bildet, und um zu zeigen, daß denen, welche einen solchen Luxus wie einen Schlaftrunk brauchen, derselbe nicht verboten ist und auch mir nicht geschadet hat. Einige haben angefragt, ob Tabakrauchen verboten war? Es war nicht der Fall.

Es ist auch bemerkt worden, daß eine solche Diät, wie die meinige, zu gut und kostspielig für einen Armen sei und ich diese Klasse gar nicht be= rücksichtigt hätte. Aber unter den sehr Armen findet man nur selten korpu= lente Leute, da der Arme nicht leicht so lebt, daß er davon fett wird. Und sollte es ausnahmsweise der Fall sein, so zweifle ich nicht, daß man dem ab= helfen kann durch Enthaltung von den verbotenen Artikeln der Nahrung und einen mäßigen Gebrauch von solchen billigen stimulirenden Dingen, wie sie ein Arzt empfehlen wird, dessen Rath solche Leute in der Regel um= sonst einholen können.

Ich bin sehr geneigt zu glauben, daß auch die Gicht (ein anderer schrecklicher „Parasit" der Menschheit) durch diese geeignete natürliche Nah= rungsweise sehr erleichtert, wenn nicht vollständig geheilt werden könne, und hege die aufrichtige Hoffnung, daß irgend ein an dieser Krankheit Lei= dender sich bewegen lasse, die jedenfalls harmlose Heilmethode drei Monate lang an sich zu versuchen, um sie zu prüfen, jedoch nicht ohne ärztlichen Rath. Litte ich an der Gicht, so würde ich sicherlich zu einem solchen Ver= such schreiten.**)

Aus den Versuchen, die ich an mir selbst gemacht habe, ziehe ich den

---

*) Diese Zeiten für die verschiedenen Mahlzeiten, welche der in einem großen Theile von Deutschland herrschenden Sitte entsprechen, sind in England sehr unge= wöhnlich.

**) Die Entstehungsweise der Gicht (d. h. der Gicht der Reichen, des sogenann= ten Podagra, nicht der im gewöhnlichen Leben häufig Gicht genannten Formen von Gelenkrheumatismus) hat allerdings einiges Gemeinsame mit der der Fettsucht, doch wird bei ihr neben Fett auch noch ein anderer Stoff (Harnsäure) im Uebermaße ge= bildet und dessen Ausscheidung aus dem Körper gehemmt. Es wäre daher mindestens einseitig, wenn nicht gefährlich, alle Fälle von Gicht nach Banting's Methode zu be= handeln, wenn dieselbe auch unter Umständen bei der Kur als Unterstützungsmittel dienen kann. Eine nähere Auseinandersetzung der ziemlich verwickelten Verhält= nisse, von welchen die diätische und arzneiliche Behandlung der Gicht abhängt, gehört natürlich nicht hierher.

Schluß, daß vorzüglich zuckerähnliche Stoffe die Haupturſache der Fettſucht
ſind. Ich weiß aus Erfahrung, daß Zucker bei mir wenigſtens vermehrtes
Körpergewicht und einen hohen Grad von Blähungen veranlaßt und glaube,
daß nicht allein Zucker, ſondern alle Dinge, aus denen beim Verdauungs=
prozeß leicht zuckerähnliche Stoffe erzeugt werden, vermieden werden ſollten.
Nach meiner Meinung finden ſich ſolche in Brod, Butter, Milch, Bier,
Portwein und Champagner. Stärkeſubſtanzen fand ich nicht ſo gefährlich
als zuckerige Stoffe, die nach meiner Meinung ſowohl die Säure, als auch
die Fettbildung reichlich vermehren. Doch wird Jedermann bald ſelbſt am
beſten ausfinden, welche Nahrung dem Magen am beſten bekommt, wenn
er mit meiner Methode zur Probe einen Verſuch anſtellt, und kann dann
das vermeiden, was ihm nicht bekommt.*) Vegetabilien und Obſt oder
daraus bereitetes Compot leiſten mir gute Dienſte, den Leib offen zu halten;
wo dies nicht ausreicht, ſollte man ſich deshalb an einen Arzt wenden.

Das Wort „Paraſit“, das ich gebrauche, iſt viel getadelt worden.
Ich brauche das Wort natürlich nur im figürlichen Sinne, um damit einen
hinterliſtigen, im Finſtern ſchleichenden Feind des menſchlichen Körpers zu
bezeichnen, und wenn die Fettſucht kein ſolcher iſt, ſo weiß ich in der That
nicht, was man ſo nennen darf.

Bisher habe ich hunderte von Anfragen erhalten nach dem Namen
und der Adreſſe meines Arztes. Ich habe ſie gern einzeln beantwortet und
damit viel Mühe und Koſten gehabt, weil ich fürchtete, man möchte die
Mittheilung ſeines Namens als eine Reclame betrachten, die er, wie ich
weiß, verabſcheut. Da jedoch die Verbreitung der dritten Auflage aller
Wahrſcheinlichkeit nach eine ſehr große ſein wird, und in Folge derſelben
vielleicht tauſende von Anfragen einlaufen, deren Beantwortung mir mehr
Zeit und Geld koſten würde, als ich billigerweiſe darauf verwenden kann,
ſo nehme ich keinen Anſtand mitzutheilen, daß mein Arzt, Herr William
Harbey iſt, Soho Square London wohnhaft, und ich berufe mich auf ihn
als Bürgen für die Wahrheit meiner Darſtellung.

Noch auf einen weſentlichen Punkt möchte ich meine korpulenten Leſer
aufmerkſam machen, nämlich, daß ſie ſich genau wägen laſſen bei Beginn

---

*) Die Anſichten Banting's über den Gehalt der verſchiedenen Nahrungs=
mittel an Stärke und Zucker ſind im hohen Grade confus. Offenbar ſind ihm die
verſchiedenen Arten von Stärke, Gummi, Zucker gänzlich unbekannt, und die ver=
ſchiedenen Arten von Fett, welche hier ebenfalls eine wichtige Rolle ſpielen, erwähnt
er gar nicht. Es iſt ſehr auffallend, daß ſein Arzt ihn nicht wenigſtens einigermaßen
hierüber belehrt oder ihn wenigſtens veranlaßt hat, in den auch in England zahlreich
vorhandenen populären Schriften und Abhandlungen hierüber weitere Aufklärung zu
ſuchen.

der Kur und im Verlauf derselben alle Wochen oder alle Monate. Dadurch werden sie sich am handgreiflichsten von dem Erfolge der Kur überzeugen und das nöthige Vertrauen gewinnen, dieselbe fortzusetzen. Ich bedauere lebhaft, daß ich mich nicht vor Anfang meiner Kur habe photographiren lassen, um so den Contrast zwischen meinem jetzigen und frühern Aussehen recht anschaulich zu machen. Es wäre dies nicht blos für Viele aller Wahrscheinlichkeit nach sehr ergötzlich, sondern auch für Jedermann sicherlich sehr überzeugend gewesen, und überraschend für alle, welche sich erinnern, daß eine solche Wirkung so leicht und rasch herbeigeführt wurde, ganz allein durch das einfache, natürliche Mittel, eine magere Kost mit einer nahrhafteren zu vertauschen.

Ich werde es immer als eine große Gefälligkeit betrachten, wenn Personen, welche dieselbe Erleichterung und Heilung finden sollten, wie ich, mich freundlichst davon benachrichtigen wollten. Jede derartige Mittheilung wird mir eine wahre Freude sein. Daß die Methode sich eines großen Erfolges erfreut, daran habe ich nicht einen Schatten von Zweifel, da ich schon bis jetzt aus allen Theilen Großbritanniens anerkennende und dankende Berichte von Bekannten sowohl als Unbekannten in großer Zahl erhalten habe, und ich bin wahrhaft von Dank erfüllt darüber, daß ich zum Werkzeug gedient habe, so vielen Segen zu verbreiten.

Ich habe nun meine Aufgabe vollendet und hege das Vertrauen, daß meine geringen Bemühungen zu einer Saat werden, die eine reiche Ernte zum Wohl meiner Mitmenschen liefert. Ich hoffe auch, daß die ärztliche Wissenschaft Veranlassung nimmt, die Korpulenz oder Fettsucht genauer zu studiren, so daß statt 1, 2 oder 3 Aerzten, welche in dieser Sache Bescheid wissen, bald ebenso viele hundert derselben über die verschiedenen Theile meines Vaterlandes verbreitet sein werden. Dann wird sicherlich die Krankheit wenn nicht ganz verschwinden, doch sehr selten vorkommen.

Anhang.

Seit ich daran ging, die dritte Auflage zu veröffentlichen, habe ich meinem Arzte ernstlich zugeredet, eine Erklärung von den Gründen der von ihm verordneten diätischen Methode zu geben, welche an mir und Anderen so merkwürdige Erfolge gehabt hat, und ich hoffe, er wird dazu bald die Zeit finden, da ich überzeugt bin, daß dies sowohl die Aerzte, als das große Publikum im hohen Grade interessiren wird. Er hat versprochen, dazu zu schreiten, sobald er Zeit findet.*)

---

*) Hoffentlich wird Mr. Harvey es nicht übel nehmen, wenn ich ihm in dieser

Seitdem sind auch zahlreiche Anfragen über Punkte bei mir einge=
laufen, die ich mit Stillschweigen übergangen habe, und die bei meinen
Correspondenten Interesse oder Zweifel erregt haben. Ich benutze daher
diese Gelegenheit, an dem von mir gegebenen Küchenzettel einige Abän=
derungen vorzunehmen:

Ich hätte, wie es scheint, Kalbfleisch*) wegen seiner Unverdaulichkeit
ebensowohl ausnehmen sollen, als Schweinefleisch wegen seines Fettgehalts;
ebenso Häringe und Aale, die wegen ihres Reichthums an Fett ebenso schäd=
lich sind als der von mir verbotene Lachs. Von Vegetabilien sollten nicht blos
Kartoffeln verboten werden, sondern auch Pastinaken, rothe Rüben, weiße
Rüben (Teltower Rübchen) und gelbe Wurzeln (Karotten)**). Der Grund
liegt darin, weil ich selbst solche Dinge selten oder nie genoß und daher
nicht daran dachte, daß Andere dies thun würden, oder mich zu erkundigen,
ob sie auch verboten seien. Grüne Gemüse gelten für sehr heilsam, und ich
glaube, sie sollten jederzeit genossen werden. Ich bin dem „Cornhill=Maga=
zine" und anderen Journalen dafür verbunden, daß sie meine Aufmerksam=
keit auf diese diätetischen Punkte lenkten. Ich will auch noch erwähnen, daß
Eier, wenn sie nicht hartgekocht sind, ohne Anstand genossen werden können,
daß Käse, wenn mäßig genossen, und einfacher gekochter Reis unschädlich
scheinen.

Von verschiedenen Seiten sind Zweifel darüber ausgesprochen worden,
wo der Punkt liegt, von welchem an das Körpergewicht nicht mehr abnimmt.
Es ist hierbei merkwürdig, daß die bedeutendste und auffallendste Verringe=
rung im Gewicht und Umfang des Körpers innerhalb der ersten 48 Stunden
eintritt, von da an ist die Abnahme allmählicher. Meine eigne Erfahrung
und die Anderer giebt mir die Gewißheit, daß unter leichter Nachhülfe von
Seite der Medicin, die Natur allein im Stande ist, die Aufgabe durchzu=
führen, indem sie, in günstige Bedingungen versetzt, das überflüssige Fett
entfernt, und so schließlich Heilung bewirkt. Die Abnahme des Fettes hört

---

Sache zuvorkomme. Da die Begründung der Heilmethode, um die es sich hier handelt, wesentlich ein Erfolg d e u t s c h e r Wissenschaft — in der Hauptsache, wie wiederholt
erwähnt, ein Verdienst unseres genialen Landsmannes J u s t u s v o n L i e b i g ist, so
erscheint es gewiß nicht unbillig, wenn ein deutscher Arzt den Versuch macht, auch dem
größeren Publikum eine Erklärung derselben zu geben, die freilich der ärztlichen
Wissenschaft so wie der Mehrzahl der Aerzte nicht mehr neu ist.

*) Kalbfleisch wie überhaupt das Fleisch junger Thiere ist entschieden weniger
nahrhaft, als das ausgewachsener, und sollte daher allerdings bei dieser Methode weniger genossen werden; doch erscheint es nicht gerade unstatthaft, wenn es zur Abwechselung bisweilen auf den Tisch kommt.

**) Alle diese, wie fast alle Wurzelgemüse, sind allerdings verhältnißmäßig
reich an Zucker.

erst dann auf, wenn die Krankheit gehoben und der „Parasit" vernichtet ist. Es wird meine Leser interessiren, zu hören, daß ich nun allem Anscheine nach das meinem Alter entsprechende Durchschnittsgewicht (150 Pfund) er= reicht habe, indem gegenwärtig mein Körpergewicht innerhalb eines Monates höchstens noch um ein Pfund schwankt, innerhalb dieser geringen Grenzen bald zu=, bald abnehmend. Nach der Tabelle, welche das durchschnittliche Verhältniß der Statur zum Gewicht angiebt, sollte ich allerdings noch mehr verlieren*), doch kann ich dies nicht erreichen, ohne zu Arzneigebrauch meine Zuflucht zu nehmen, und da ich mich vollkommen wohl fühle, so begnüge ich mich, das Weitere ganz und gar der Natur zu überlassen.

Nach meiner geringen Einsicht ist die Diät bei Behandlung der Kor= pulenz die Hauptsache, und es scheint mir überdies, daß dieselbe, zweckmäßig angeordnet, in gewissem Sinne zu einer Arznei wird.**) Die Heilmethode scheint mir nur das überflüssig abgelagerte Fett anzugreifen, überdies wirkt sie, wie mein ärztlicher Freund mich belehrte, reinigend auf das Blut, indem sie es gesünder macht und schädliche Stoffe daraus entfernt, sie stärkt die Muskeln und Eingeweide, ja, wie ich fest überzeugt bin, sie versüßt das Leben, wenn sie es nicht gar verlängert.

Es ist mir eine große Genugthuung, schließlich noch beifügen zu können, daß kürzlich noch Viele von den angesehnsten Mitgliedern des ärztlichen Standes den von mir in dieser Angelegenheit gegebenen Anstoß mit ihrem Beifalle beehrt haben.

London. Kensington, Terrace Nro. 4. April 1864.

William Banting.

---

*) Die Tabelle, welche Banting im Auge hat (s. II. § 24.) bezieht sich nur auf jüngere Personen; bei älteren von gleicher Statur ist das Durchschnittsgewicht ein etwas höheres.

**) Arzneien bilden nur einen Theil der zahlreichen „Heilmittel", welche der wissenschaftlich gebildete Arzt anwendet. Viele seiner Heilmittel, und oft die wirk= samsten, kommen nicht aus der Apotheke.

II.

Die Ursachen der Korpulenz,

ihre Folgen und die dagegen anzuwendenden Mittel

nach den Grundsätzen der wissenschaftlichen Heilkunde geschildert

von

J. Vogel.

〜〜〜〜

Einleitung.

Der vorstehende offene Brief, der hier absichtlich möglichst wortgetreu wiedergegeben wurde, um seine Eigenthümlichkeiten nicht zu verwischen, und die wirklich großen Erfolge, welche derselbe gehabt hat, bilden ein sehr inter=
essantes und in vieler Hinsicht lehrreiches Beispiel, wie selbst auf wissen=
schaftlichem Gebiete durch einen Anstoß, der von einer ganz unerwarteten Seite kommt, und durch Mittel, welche vom Standpunkte der Wissenschaft aus betrachtet, sehr geringfügig erscheinen, bisweilen sehr bedeutende Wir=
kungen hervorgerufen werden können. Wir hören hier über eine rein ärztliche Frage: — über Korpulenz, deren Ursachen und zweckmäßige Be=
handlung — einen Nichtarzt sich äußern, und zwar einen, der nach vielen vergeblichen Versuchen, sich von diesem ihm höchst lästigen Uebel zu befreien, endlich durch ein ganz einfaches Mittel, auf eine ihm fast als ein Wunder erscheinende Weise die ersehnte Heilung gefunden hat. Wir sehen, wie der=
selbe nun, erfüllt von dem bei Neubekehrten so häufigen und so natürlichen Enthusiasmus und mit der ganzen Energie und Ausdauer, welche nament=
lich Engländer bei Erstrebung eines bestimmten Zweckes nicht selten an den Tag legen, von dem Erfolge Zeugniß ablegt und auch andere in gleicher Weise Leidende zur Erkämpfung des ihm zu Theil gewordenen Glückes an=
zuspornen sucht. Schon der große Erfolg, den diese Bemühungen Ban=
ting's gehabt haben, muß eine Mahnung an die medicinische Wissenschaft sein, den Gegenstand nicht vornehm zu ignoriren, sondern gleichfalls ihr

Urtheil darüber abzugeben, um so mehr, als Banting selbst sie wiederholt zu einem solchen Gutachten auffordert. Die Erfüllung dieser Aufgabe wird der Heilkunde aber dadurch erleichtert, und zugleich zu einer erfreulichen gemacht, daß sie nachzuweisen im Stande ist, wie die so gepriesene Heilmethode in allen Hauptpunkten ihren eigenen Lehrsätzen entspricht, und der gerühmte Erfolg nicht etwa ein Spiel des Zufalles, das Ergebniß einer glücklichen Idee ist, sondern vielmehr die nothwendige Folge einer richtigen Anwendung wissenschaftlicher Prinzipien in der Praxis, so daß sich also auch hier wieder die Wahrheit des leider noch nicht allgemein in seiner vollen Bedeutung gewürdigten Spruches „Wissen ist Macht" bestätigt. Unter diesen Umständen kann sich die Aufgabe der Wissenschaft darauf beschränken, die Grundsätze, auf welche sich diese Methode stützt, und die zugleich die Erklärung der Entstehung und einer wissenschaftlichen Behandlungsweise der Korpulenz bilden, so weit es in allgemein faßlicher Weise geschehen kann, sowohl weiteren Kreisen, dem gebildeten Publikum, als auch solchen Aerzten anschaulich zu machen, welche etwa den neueren Fortschritten der Wissenschaft auf diesem Gebiete nicht hinreichend gefolgt sind. Denn allerdings gehört die wissenschaftliche Begründung der meisten hierher gehörigen Fragen erst der neuesten Zeit an. Sie ist, wie deutsche Leser mit Genugthuung erfahren werden, in der Hauptsache eines der zahlreichen Verdienste unseres genialen Landsmannes Justus von Liebig. In dieser verhältnißmäßigen Neuheit der Sache liegt wohl auch der Hauptgrund, warum Banting trotz aller angewandten Mühe unter den renommirten, also wohl meist älteren englischen Aerzten, die er consultirte, so lange keinen fand, der ihn auf den richtigen Weg leitete. Daß aber auch in Deutschland, ihrem Vaterlande, diese Behandlungsweise bis jetzt noch keine allgemeinen und durchschlagenden Erfolge aufzuweisen hat, liegt wohl zum Theil daran, daß nach dem alten Spruche der „Prophet" selten in seinem Vaterlande gehörig gewürdigt wird, und daher auch Liebig's Lehren bis jetzt noch nicht bei allen Aerzten die Anerkennung und Einwirkung auf die Praxis gefunden haben, welche sie verdienen. Sicherlich fällt jedoch die Schuld davon zum größeren Theile dem gesammten nichtärzlichen Publikum, als den Aerzten zur Last. Die Erfahrung lehrt nämlich, daß es den Aerzten meist viel leichter gelingt, ihre Patienten zu einem regelmäßigen, selbst lange fortgesetzten Gebrauch von Arzneien zu bestimmen, als zu einer durchgreifenden, für lange Zeit, ja für immer in Aussicht gestellten Veränderung ihrer Diät oder Lebensweise, namentlich wenn eine solche vielfach unangenehm wird, Störungen im Haushalt hervorruft, oder gar durch langes Bestehen lieb gewordene Gewohnheiten, ja durch die Verhältnisse bedingte, daher kaum zu beseitigende Bedürfnisse, gesellige Beziehungen und dergl. zu beeinträchtigen droht. Dies

gilt nicht blos von der Korpulenz, die ja, wenn sie nicht einen sehr bedeu=
tenden Grad erreicht hat, nur selten als eine Krankheit betrachtet wird.
Es gilt ebenso gut von manchen andern Krankheiten, wie z. B. ben leichteren
Graden des Podagra, den meisten Formen langwieriger Verdauungs=
störungen, ja selbst von vielen Fällen von Lungenschwindsucht, die einen
gewissen Grad noch nicht überschritten haben u. s. f. Bei ihnen allen hat
eine sorgfältige Regulirung der Diät und sonstigen Lebensweise nach den
Principien der Wissenschaft eine ebenso wichtige Bedeutung für die Be=
handlung, als die Anwendung von Arzneien, ja ist oft noch viel wichtiger
als diese. Schlägt ein auf der Höhe der Wissenschaft stehender und ge=
wissenhafter Arzt eine solche Kur vor, so stößt er, wie ich aus wiederholter
Erfahrung bestätigen kann, nicht selten auf Widerspruch von Seite des
Patienten, ja er riskirt selbst, daß dieser ihm den Rücken kehrt und sich an
andere Aerzte wendet, bis er endlich einen findet, der weniger gewissenhaft,
und mehr die Wünsche, als das wahre Wohl des Kranken berücksichtigend,
ihm eine annehmlichere Behandlungsweise vorschreibt. In anderen Fällen
werden solche Kuren nicht in der nöthigen Weise durchgeführt: das Wider=
streben des Kranken erpreßt dem Arzte allerlei Concessionen und Abände=
rungen des ursprünglichen Planes, die den Erfolg trüben. Noch öfter über=
tritt der Kranke, weil ihm Einsicht, guter Wille oder Charakterstärke fehlen,
hinter dem Rücken des Arztes dessen Vorschriften — er glaubt dabei nur
den Arzt zu täuschen, während er in der That sich selbst am meisten be=
trügt. Gelingt es dem Arzte auch, alle diese Schwierigkeiten glücklich zu
überwinden, so wird doch häufig ein vollständiges Gelingen der Kur da=
durch vereitelt, daß der Kranke, zufrieden mit einem theilweisen Erfolge,
dieselbe zu früh abbricht, und so statt einer dauernden Heilung nur eine
vorübergehende Besserung erfährt, die aber ganz wieder verschwinden kann,
wenn der Kranke zu seinen früheren Lebensgewohnheiten zurückkehrt. Diese
Ursachen sind aber auch Schuld daran, daß der Arzt nur selten Gelegen=
heit hat, seinen Patienten recht handgreifliche und in die Augen fallende
Beispiele von solchen gelungenen Kuren vorzuführen — und doch sind gerade
sie am meisten geeignet, Vertrauen zur Kur zu erwecken, und die ihrer sorg=
fältigen oder ausdauernden Durchführung entgegenstehenden Schwierigkeiten
überwinden zu helfen. Hoffentlich trägt die vorstehende, so eindringlich über=
zeugende und gewiß auch in Allem, was das Thatsächliche betrifft, wahr=
heitsgetreue Schilderung etwas dazu bei, diesem Mangel abzuhelfen, indem sie
Personen, welche an diesem mindestens lästigen, oft aber selbst gefährlichen
Körperzustand leiden, ermuthigt, dagegen Hülfe zu suchen, und indem sie
auch den Aerzten ein Mittel mehr in die Hand giebt, etwaigen Wider=
willen ihrer Patienten gegen solche Kuren zu überwinden, und deren

Ausdauer bei ihnen wach zu erhalten. Genügt nun auch für Manche die bloße Kenntniß des Erfolges, welchen ein Anderer gehabt hat, um sie zu bestimmen, einen ähnlichen Versuch zu wagen — so entschließen sich doch mit Recht die Einsichtigen dazu erst dann, oder wenigstens um so lieber, wenn sie auch die Gründe kennen gelernt haben, welche den Erfolg im gegebenen Falle bedingten und von denen er auch in anderen ähnlichen Fällen abhängen wird. Dies war die Absicht, welche mich zur Bearbeitung des Folgenden veranlaßte. Mein Zweck dabei war ein doppelter: ich wünschte einestheils Leidenden durch Entwickelung der Gründe des Verfahrens Muth zu seiner Anwendung zu machen, anderntheils wollte ich den Aerzten die Aufgabe, wißbegierigen oder ängstlichen Kranken die Gründe dieser Behandlungsweise auseinanderzusetzen, dadurch erleichtern, daß sie ihnen dieses Schriftchen in die Hand geben — eine Aufgabe, deren Umfang wohl in den meisten Fällen die Zeit weit überschreiten dürfte, welche Aerzte ihren einzelnen Kranken widmen können. Ich habe mich dabei fast in allen Punkten auf das zum Verständniß des speziellen Zweckes Nöthige und auf das ganz Sichere oder wenigstens im hohen Zwecke Wahrscheinliche beschränkt. Sollten dem Leser noch einzelne Zweifel oder Lücken übrig bleiben, was ich um so mehr fürchten muß, als eine solche Darstellung unmöglich den Vorkenntnissen und dem Bildungsgrade aller Leser angepaßt werden kann, so wird der Arzt gewiß leicht und ohne großen Zeitaufwand im Stande sein, erstere zu lösen und letztere auszufüllen. Vor etwaigen Versuchen, nach den von Banting mitgetheilten Erfahrungen und den von mir entwickelten Grundsätzen derartige Kuren ohne ärztlichen Rath und ohne ärztliche Ueberwachung unternehmen zu wollen, möchte ich aber noch viel dringender warnen, als dies bereits Banting im Vorhergehenden gethan hat.

Ursachen und Entstehungsweise der Korpulenz oder Fettsucht.

Die Ursachen und Entstehungsweise der Korpulenz, oder, was ganz dasselbe ist, einer übermäßigen Fettablagerung im Körper, lassen sich nur begreifen, wenn man die Gesetze kennt, welche der Ernährung des menschlichen Körpers zu Grunde liegen, so wie den Einfluß, welchen die verschiedenen Bestandtheile der sogenannten Nahrungsmittel auf dieselbe ausüben.

§ 1. Die Thätigkeitsäußerungen des menschlichen Körpers, welche man unter der Bezeichnung „Leben" zusammenzufassen pflegt, sind von gewissen Bedingungen abhängig, deren Nichterfüllung unter allen Umständen das Leben vernichtet, während eine unvollkommene Erfüllung derselben auch das Leben zu einem unvollkommenen macht, und damit bald Unbehagen oder Unwohlsein, bald wirkliche Krankheit hervorruft.

Unter diesen Bedingungen steht obenan der sogenannte „Stoff= wechsel“, d. h. eine beständig vor sich gehende chemische Veränderung von Körperbestandtheilen im weitesten Sinne des Wortes, in welchem auch die genossenen Nahrungsmittel dazu gehören, die ja eben durch ihre Auf= nahme in den Körper zu Bestandtheilen desselben geworden sind. Die chemischen Vorgänge bei diesem Stoffwechsel im Körper sind sehr man= nigfaltig und complicirt, lassen sich jedoch einigermaßen vergleichen mit dem Vorgange bei der Verbrennung von Holz und dergl. Wie dieses bei der Verbrennung in einfachere Stoffe zersetzt wird, die theils als Rauch oder Dampf weggehen, theils als Kohle oder Asche zurückbleiben, so werden auch die Körperbestandtheile beim Stoffwechsel in immer einfachere Stoffe umgewandelt, die zuletzt aus dem Körper entfernt werden, theils in einer in die Augen fallenden Form, als Excremente, Urin, Schweiß, — theils auf eine mehr unmerkliche Weise, als Hautausdünstung, Ausathmung. Der Stoffwechsel im Körper hat aber auch noch manches Andere mit dem Verbrennungsprozeß gemein, und eine weitere Fortsetzung der Vergleichung beider wird daher dienen, die Ursachen und Wirkungen des Stoffwechsels im menschlichen Körper auch nach anderen Seiten hin anschaulicher zu machen. Bei der Verbrennung wie beim Stoffwechsel spielt der Sauerstoff der Luft eine Hauptrolle: er verbindet sich wie dort mit den Bestandtheilen des Holzes, so hier mit denen des Körpers und verändert dadurch deren chemische Beschaffenheit. Auch die gebildeten Produkte kommen beim Stoffwechsel wie bei der Ver= brennung vielfach überein; hier, wie dort sehen wir als Hauptprodukte Kohlensäure und Wasser (in Dampfform) auftreten. Ferner wird wie bei der Verbrennung, so auch beim Stoffwechsel im Körper, Wärme ent= wickelt; nur sehen wir beim Stoffwechsel im Körper keine Flamme erscheinen, die Verbrennung ist hier gleichsam niedergehalten, ein verborgenes Glimmen. Der Vergleich läßt sich aber noch weiter führen in einer anderen Rich= tung, welche das Verständniß mancher Lebensvorgänge erleichtert. Durch einen Verbrennungsprozeß wird unter gewissen Umständen auch „Kraft“ entwickelt, wie dies z. B. bei einer Dampfmaschine der Fall ist. Ganz dasselbe geschieht beim Stoffwechsel, ja dieser ist die eigentliche Quelle der Kraft, welche im menschlichen Leben als Kraft des Körpers oder des Geistes eine so große Rolle spielt. Soll eine Dampfmaschine Kraft entwickeln und arbeiten, so muß sie beständig geheizt werden, d. h. es muß ihr in dem Maße als ihr Brennstoff verbraucht wird, beständig neues Brennmaterial zugeführt werden. Geschieht dieses nicht, so vermindert sich ihre Kraft, ja sie hört ganz auf und die Maschine steht still. Ganz dasselbe gilt für den menschlichen Körper. Soll er Kraft entwickeln und arbeiten, so muß ihm ebenfalls zeitweise neues Material für seinen Stoffwechsel zugeführt werden, und zwar durch Nahrung und Getränk. Geschieht dieses nicht, so hört das Leben auf; geschieht es in nicht ausreichender Menge, so nimmt die Kraft ab, über welche der Körper oder Geist verfügen, mit der er arbeiten kann.

§ 2. Wie bei einer Dampfmaschine, so hängt auch beim Körper die Menge der freiwerdenden Kraft, die Leistungsfähigkeit, nicht blos von der Menge, sondern auch von der Beschaffenheit des zugeführten „Brenn= materials" ab. Schlechter Brennstoff vermindert die Kraft der Maschine, schlechte Nahrung die Leistungsfähigkeit des Menschen. Oder, um ein anderes, oft gehörtes Gleichniß zu gebrauchen, wie eine aus gutem Material bereitete Kerze oder eine mit gutem Oele gespeiste Lampe besser brennt, als bei schlechtem Material, so leuchtet auch das geistige Licht des Menschen heller bei guter und zweckmäßiger, als bei schlechter und ungeeigneter Nahrung. Es ist sicher, daß die Nahrung des Menschen nicht ohne Einfluß ist auf die Summe und Intensität der Körper= und Geisteskraft, über die der betreffende Mensch verfügen kann, wenn ich auch hier ausdrücklich Protest einlege gegen die von manchen neueren allzu materialistischen Natur= forschern gezogene Folgerung, daß die Art, wie der menschliche Geist und Körper thätig ist, ausschließlich von der Beschaffenheit seiner Nahrung abhängen soll. Die menschlichen Muskeln, von denen in Verbindung mit den Nerven die Körperkraft des Menschen abhängt, so wie das menschliche Gehirn, das Werkzeug des Geistes, sind höchst complicirte Organe, und können in ihrem Baue unendlich viele theils angeborene, theils erst später erworbene Verschiedenheiten zeigen, die von wesentlichem Einflusse auf die Leistungsfähigkeit sind. Es wird daher gewiß nur selten gelingen, durch die ausgewählteste Nahrung einen geborenen Dummkopf in ein Genie oder einen tiefen Denker zu verwandeln, wie es auch in der Regel nicht gelingen wird, mit einer schlecht construirten Dampfmaschine durch Anwendung des besten Brennmateriales und die größten Anstrengungen des Heizers die= selben Leistungen zu erzielen, als mit einer anderen, die besser und zweck= mäßiger eingerichtet ist.

§ 3. Wie bei einer Maschine, so findet auch im Körper während des Gebrauches und in Folge desselben eine beständige Abnutzung statt, welche die Wirksamkeit vermindert, ja allmälig ganz hemmt, wenn ihr nicht auf geeignete Weise abgeholfen wird. In der Art nun, wie dieser unvermeidlichen Abnutzung abgeholfen wird, findet zwischen jeder Maschine, auch der vollkommensten, und dem menschlichen Körper ein sehr wesentlicher

Unterschied statt. Bei einer Dampfmaschine dient das Brennmaterial, welches sie verbraucht, einzig und ausschließlich zur Entwicklung von Kraft, nicht auch zum Ersatz der Abnutzung. Dieser muß auf andere Weise abgeholfen werden, durch Reparatur oder Ersatz der schadhaft gewordenen Theile. Beim menschlichen Körper dagegen dient die Nahrung nicht blos zur Entwickelung von Kraft, sie liefert zugleich auch das Material, aus welchem der Körper auf wunderbare Weise, deren vollständiges Begreifen allem Scharfsinne, deren Nachahmung aller Kunst des Menschen bis jetzt gespottet hat, alle diejenigen seiner Theile, welche durch seine Thätigkeit abgenutzt und verbraucht werden, selbst wieder ersetzt und damit beständig sich selbst reparirt.

Die Nahrung des Körpers erfüllt also zwei wohl zu unterscheidende Zwecke: Entwickelung von Körper = oder Geisteskraft und Bildung von Körperbestandtheilen, sowohl von solchen, welche zum Ersatz verbrauchter dienen, als auch von Körperbestandtheilen, welche zu den früher vorhandenen als neue hinzukommen, wie beim Wachsthum des Körpers oder der Zunahme seines Gewichtes. Wir wollen der Kürze halber jede solche Bildung von Körperbestandtheilen aus der Nahrung als „Ernährung" des Körpers bezeichnen. Wieviel von der Nahrung im Körper zur Entwicklung von Kraft und wieviel zur Ernährung verbraucht wird, das hängt von Umständen ab, und ist nicht immer gleich. So dient bekanntlich im kindlichen Alter ein verhältnißmäßig größerer Theil der genossenen Nahrung zum Wachsthum des Körpers, als bei Erwachsenen. Bei letzteren findet sehr häufig ein Wachsthum, d. h. eine Zunahme des Körpergewichtes nicht statt, und die Ernährung besteht blos in einem Wiederersatz der abgenützten Körpertheile; der gesammte noch übrige Rest der Nahrung wird blos zur Entwicklung von Kraft und Thätigkeit verwandt. Während ein Erwachsener eine sehr große Menge, z. B. innerhalb eines Jahres meist weit über 1000 Pfunde an Nahrung und Getränk zu sich nimmt, kann doch dabei sein Körpergewicht mit sehr geringen Schwankungen ganz unverändert bleiben.

Wo auch bei Erwachsenen ein bemerkenswerthes Wachsthum, d. h. eine beträchtliche Zunahme des Körpergewichtes beobachtet wird, da geschieht dies in der Regel nicht, wie im kindlichen Alter durch Zunahme an Fleisch, Knochen, Vergrößerung der Eingeweide ꝛc., sondern vorzugsweise durch Ablagerung von Fett. Dieses im Körper abgelagerte Fett kann aber selbst wieder als Material für die Entwicklung von Kraft und Thätigkeit dienen, geradeso wie Fett, welches als Nahrung von Außen in den Körper eingeführt wird. Soll dies aber geschehen, so muß es durch den Stoffwechsel zersetzt, gewissermaßen verbrannt werden, wobei es verschwindet.

§ 4. Die Veränderungen, welche die Nahrungsmittel im Körper er=

leiden, bis sie die im Vorhergehenden geschilderten Zwecke der Entwickelung von Kraft, der Ernährung, des Wachsthums, der Fettbildung erfüllen, sowie die Bedingungen, welche dazu nöthig sind, zu schildern, würde hier viel zu weit führen. Es mag genügen zu erwähnen, daß sie fast alle erst mehr oder weniger die verschiedenen Prozesse der Verdauung durchzumachen haben, dann zum größten Theile in's Blut übergehen, ja zum Theil vorher erst Bestandtheile der Muskeln, Nerven, des Gehirnes 2c. geworden sein müssen, ehe sie die geschilderten Zwecke erfüllen können. Manche dieser zahlreichen und verwickelten Vorgänge sind gegenwärtig noch nicht voll= ständig aufgeklärt, andere, die zu dem speziellen Zweck dieses Schriftchens, also zur Entstehung der Korpulenz und deren Behandlungsweise, eine nähere Beziehung haben, werden noch später Berücksichtigung finden.

Von besonderer Wichtigkeit ist der Umstand, daß die oben geschilderten verschiedenen Zwecke der Nahrung im menschlichen Körper zu ihrer Er= reichung auch eine verschiedene Beschaffenheit der Nahrungsmittel voraussetzen, ja bedingen, und daß daher für den Körper nicht blos die Menge, sondern auch die Qualität der Nahrung in Betracht kommt. Dies erfordert eine, wenigstens übersichtliche Betrachtung der verschiedenen Nahrungsmittel.

§ 5. Es ist allbekannt, daß nicht jedes Ding zur Nahrung dienen kann; Holz, Steine und hundert andere Dinge sind keine Nahrungsmittel. Praktisch hat der Instinkt, wie man häufig annimmt, richtiger wohl die Erfahrung die Menschen längst darüber belehrt, was als Nahrungsmittel dienen kann und was nicht. Aber erst in neuerer Zeit hat die Wissenschaft die Gründe hiervon aufgehellt und zugleich den interessanten Nachweis geliefert, daß die eine fast unzählige Menge bildenden, so verschiedenen Nahrungsmittel alle aus einer verhältnißmäßig geringen Anzahl von Be= standtheilen zusammengesetzt sind, von denen wir einen oder meist mehrere in allen Nahrungsmitteln wiederfinden, und die eben dieselben zur Nahrung geschickt machen. Diese immer wiederkehrenden Bestandtheile der Nahrungs= mittel lassen sich in einige wenige Gruppen bringen, von denen fast jede besondere Zwecke im Körper erfüllt und beim Stoffwechsel oder bei der Ernährung desselben eine eigenthümliche Rolle spielt, welche durch Stoffe, die einer anderen Gruppe angehören, gar nicht oder nur sehr unvollkommen ersetzt werden kann.

Als solche Gruppen lassen sich etwa folgende bezeichnen, die wir für unseren Zweck etwas genauer betrachten müssen:

§ 6. 1. Wasser, welches wir nicht blos zu uns nehmen, wenn wir Wasser trinken, sondern auch in allen übrigen Getränken sowohl als Speisen in beträchtlicher Menge genießen. Das Wasser bildet nicht blos den Haupt=

3

bestandtheil aller Getränke (Wein, Bier, Thee, Kaffee, Milch ꝛc.) und aller flüssigen Nahrungsmittel, wie Suppen, Brühen und dergl.; auch in den sogenannten festen Nahrungsmitteln, Brod, Fleisch ꝛc. ist es, und zwar meist in beträchtlicher Menge enthalten, so daß z. B. das Fleisch etwa ³/₄ seines Gewichtes Wasser enthält. Das Wasser geht seiner Hauptmasse nach einfach durch den Körper hindurch, ohne in demselben, mit einzelnen verhältnißmäßig unbedeutenden Ausnahmen, Veränderungen oder Zer= setzungen zu erleiden. Es spielt beim Stoffwechsel des Körpers eine sehr wichtige Rolle: als Auflösungsmittel der Speisen bei der Verdauung, bei der Blutbildung, bei der Bildung der verschiedenen Absonderungen des Körpers, wie Speichel, Magensaft, Galle, Schweiß, Urin ꝛc. Aber nicht blos durch seine Gegenwart im Körper nutzt das Wasser, fast mehr noch dadurch, daß es beständig auf der einen Seite den Körper verläßt, auf der anderen wieder in denselben aufgenommen wird. Indem es beständig aus dem Körper ausgeschieden wird in Form von Haut= und Lungenausdünstung, Schweiß, Urin bewirkt es, daß das Blut und die übrigen Körpersäfte durch diese beständig aus ihnen stattfindende Wasserausscheidung concentrirter und dadurch befähigter werden, die durch den Verdauungsprozeß vorbereiteten, durch die genossenen Flüssigkeiten verdünnten Nahrungsmittel in sich auf= zunehmen. Dieser Vorgang, den wir in ähnlicher Weise auch bei allen Pflanzen stattfinden sehen, bei denen beständig aus den Blättern Wasser verdunstet und dadurch die Pflanzen befähigt, die zu ihrer Nahrung die= nenden Substanzen aus dem Boden aufzunehmen, ist eine wesentliche Be= dingung des Stoffwechsels im Körper. Er ist der Grund, warum der im Körper einmal vorhandene Wasservorrath zum Leben nicht ausreicht, sondern beständig erneuert werden muß, er erklärt, warum feste Nahrung nicht im Stande ist, das mangelnde Getränk zu ersetzen, ja ohne Getränk gar nicht verdaut werden kann — warum anhaltender Durst, wenn er nicht befriedigt wird, viel rascher den Tod herbeiführt als nicht gestillter Hunger. Es mag genügen, diese interessante, zum Leben so wichtige Rolle, welche das Wasser im menschlichen Körper spielt, hier nur kurz zu erwähnen, da sie für unseren speziellen Zweck eine untergeordnete Bedeutung hat.

§ 7. 2. Eine zweite Gruppe unter den Bestandtheilen der Nah= rungsmittel bilden die fleisch= oder eiweißartigen Stoffe (sogenannte Proteïnsubstanzen). Sie haben, wiewohl in verschiedene Arten zerfallend, doch alle eine große Aehnlichkeit in ihrer chemischen Zusammensetzung und zeichnen sich namentlich durch einen verhältnißmäßig großen Gehalt an „Stickstoff" aus.*) Die zu dieser Gruppe gehörigen Nahrungsbestand=

---

*) Man hat diese Nahrungsmittel deshalb auch stickstoffhaltige genannt, ja, Einige

theile kommen vorzugsweise und in der verhältnißmäßig größten Menge in solchen Nahrungsmitteln vor, welche von Thieren abstammen. Sie bilden einen Hauptbestandtheil aller Fleischarten; einen Bestandtheil der Milch (den sogenannten Käsestoff derselben), daher auch die Hauptmasse der meisten Arten der Käse; zu ihnen gehört das Eiweiß der Eier, des Blutes und mancher anderen thierischen Flüssigkeiten. Doch nicht ausschließlich eine thierische Kost liefert solche; auch von den aus dem Pflanzenreiche stam= menden Nahrungsmitteln enthalten viele Proteïnsubstanzen, wiewohl meist in geringerer Menge und als Nebenbestandtheile neben einer größeren Menge von Substanzen, welche der folgenden Gruppe angehören. Proteïn= substanzen der Art sind z. B. der sogenannte „Kleber" des Getreides, Mehles und Brodes; das sogenannte „Legumin" der Hülsenfrüchte (Erbsen, Linsen, Bohnen und dergl.), das „Pflanzeneiweiß" in den jungen Blättern und Stengeln der Gemüse= und Salatpflanzen.

Diese Proteïnsubstanzen werden im Körper, wenn nicht ausschließlich, doch vorzugsweise zur Ernährung, d. h. sowohl zum Wiederersatz der abgenutzten Körpertheile als zur Bildung von neuen, also zum Wachsthum verwandt, und sind dazu unentbehrlich, können in dieser Rolle durch keine, zu irgend einer der anderen Gruppen gehörigen Nahrungsbestandtheile ersetzt werden. Aus diesem Grunde hat man sie auch körperbildende (plastische) Nahrungsmittel genannt, und man betrachtet, im Allgemeinen mit Recht, eine Kost als um so kräftiger und nahrhafter, je reicher sie an solchen Stoffen ist. Diese Stoffe erleiden im Körper mancherlei Ver= änderungen, indem sie durch die Verdauung vorbereitet in Bestandtheile des Blutes und der Körperorgane umgewandelt, dann größtentheils durch den Stoffwechsel zersetzt werden, bis schließlich aus ihnen Substanzen her= vorgehen, die, zu weiteren Zwecken des Organismus untauglich, aus dem= selben entfernt werden, und zwar vorzugsweise als Bestandtheile des Urins. Als Material zur Fettbildung im Körper dienen sie wahrscheinlich nicht, jedenfalls nur ausnahmsweise und unter besonderen Umständen.

§ 8. 3. Zu einer dritten, sehr zahlreichen Gruppe von Nahrungs= bestandtheilen gehören Stoffe, von denen die einzelnen zwar mannigfache Abweichungen zeigen und daher auch mit verschiedenen Namen belegt

---

betrachten den Stickstoffgehalt verschiedener Nahrungsmittel als Maßstab ihrer Nahr=
haftigkeit. Beides ist nicht richtig. Es giebt stickstoffhaltige Nahrungsbestandtheile,
welche nicht zu den Proteïnsubstanzen gehören und dieselben auch nicht in der Nahrung
ersetzen können, wie z. B. der Leim, oder das durch Kochen Leim liefernde sogenannte
leimgebende Gewebe, welches einen Bestandtheil von fast allem Fleische und aller
Knochen bildet.

werden, aber doch in ihrer chemischen Zusammensetzung viel Gemeinsames
darbieten. Es sind dies die verschiedenen Arten von Fett, von Zucker,
Stärke, Gummi 2c. und verschiedene aus diesen dargestellte Produkte, wie
Weingeist. Sie alle enthalten keinen Stickstoff und lassen sich theilweise in
einander überführen, so daß z. B. aus Stärke Fruchtzucker, aus Zucker
Weingeist bereitet werden kann, u. s. f.

Stoffe dieser Gruppe sind fast in allen Nahrungsmitteln enthalten,
die wir genießen, jedoch in sehr wechselnder Menge, bald als Haupt=, bald
als Nebenbestandtheile. So enthält fast alles Fleisch Fett, ebenso das
Gelbe der Eier; die Milch enthält Zucker sowohl als Fett; vom Mehl und
Brod besteht die Hauptmasse aus Stärke. Butter, Fette und Dele — Kar=
toffeln, Reis, Sago, Arrowroot 2c. — Zucker, Honig, Obst — alle spiri=
tuösen Getränke, wie Bier, Wein, Branntwein — sie alle enthalten keine
oder nur wenig Proteïnsubstanzen und gehören daher fast ausschließlich
dieser Gruppe an.

Die Nahrungsbestandtheile dieser Klasse werden im Organismus
durch den Stoffwechsel zersetzt; sie erleiden dabei verschiedene Ver=
änderungen, wobei sie sich mit dem Sauerstoff der eingeathmeten Luft ver=
binden, von demselben gewissermaßen langsam verbrannt werden, während
zuletzt die Endprodukte dieser Verbrennung, größtentheils Kohlensäure und
Wasser, hauptsächlich in Luft= und Dampfform durch Haut und Lungen
aus dem Körper entfernt werden. Sie dienen daher vorzugsweise zur
Unterhaltung der chemischen Veränderungen, welche durch den Athmungs=
(Respirations=) Prozeß im Körper eingeleitet werden, und man hat sie aus
diesem Grunde auch „Respirationsmittel" genannt. Ebendadurch bilden
sie auch das Hauptmaterial für die Wärmeerzeugung im Körper und durch
die Zersetzung derselben wird überdies Kraft entwickelt, ähnlich wie durch
Verbrennung von Kohlen in einer Dampfmaschine, — Kraft, die der
Organismus je nach Willen und Bedürfniß zu seinen verschiedenen körper=
lichen oder geistigen Thätigkeiten verwenden kann. Zur Ernährung dagegen,
zum Wiederersatz verbrauchter Körpertheile, oder zum Wachsthum, zur
Neubildung von Fleisch, Knochen und Organtheilen, können diese Stoffe
nicht dienen, sie sind daher nicht eigentlich nahrhaft. Wohl aber spielen
sie eine Rolle bei der Fettbildung im Körper, ja sie bilden das Haupt=
material für dieselbe und haben deshalb für unseren Zweck eine große
Wichtigkeit. Hierbei ist hervorzuheben, daß das im Körper abgelagerte
Fett nicht etwa blos aus dem Fette stammt, welches mit den Nahrungs=
mitteln — als Fett, Del oder Butter 2c. — genossen wurde, auch die meisten
anderen zu dieser Gruppe gehörigen Substanzen, wie Stärke, Zucker u. s. f.
können unter gewissen Bedingungen im menschlichen Körper theilweise in

Fett umgewandelt werden, wie z. B. auch die Bienen in ihrem Organismus aus Honig (Zucker) Wachs (eine Art Fett) zu erzeugen im Stande sind. Das Fett ist bei der Zersetzung dieser Stoffe im Organismus gewissermaßen eine Durchgangsstufe oder ein Nebenprodukt, das unter gewissen Umständen in größerer, unter andern in geringerer Menge erzeugt wird. Es läßt sich einigermaßen mit dem Ruß oder Rauch vergleichen, welcher bei der Verbrennung von Holz oder Steinkohlen entsteht. Bei jeder Verbrennung wird bekanntlich um so mehr Rauch, Ruß oder Qualm erzeugt, je unvollkommner der Luftzutritt und die Verbrennung ist, und man kann durch zweckmäßige Vorkehrungen die Verbrennung so einrichten, daß fast gar kein Ruß oder Rauch erzeugt, sondern dieser beinahe vollständig verbrannt wird. In ähnlicher Weise häuft sich auch im menschlichen Körper Fett an, wenn die mit der Nahrung genossenen Respirationsmittel nicht vollständig zersetzt (verbrannt) werden, und durch zweckmäßige ärztliche Anordnungen, nament= lich durch Regulirung der Diät und Lebensweise kann man, ähnlich wie in einem Ofen die Rußbildung, so die Ablagerung von Fett im Körper ver= hüten, ja das bereits abgelagerte Fett wieder zum Verschwinden bringen. Von·den specielleren hierzu nöthigen Bedingungen, deren Kenntniß für unseren Zweck natürlich eine große Bedeutung hat, wird noch später die Rede sein.

§ 9. 4. Einen weiteren nothwendigen Bestandtheil der Nahrung bilden sogenannte unorganische oder mineralische Stoffe. Es sind dies die= jenigen Substanzen, welche zurückbleiben, wenn der menschliche Körper voll= kommen verbrannt wird, und dessen Asche bilden. Man hat sie daher auch Aschenbestandtheile genannt. Sie zerfallen in zwei Gruppen: soge= genannte Basen, — Kalk, Magnesia, Kali (Pottasche), Natron (Soda), Eisen — und Säuren — Schwefelsäure, Phosphorsäure, Salzsäure (Chlor), Kohlensäure. In den Nahrungsmitteln, wie im Körper, kommen diese Stoffe nur selten für sich, sondern meist je eine Base mit einer Säure zu einem „Salze" verbunden vor.

Ihre Menge im Körper ist, nur etwa mit Ausnahme des Kalkes, eine sehr geringe, und der Bedarf des Körpers an solchen „Aschenbestandtheilen" wird daher auch in der Regel durch unsere gewöhnlichen Nahrungsmittel vollständig gedeckt, die fast alle etwas von ihnen, wenn auch nur in kleinen Mengen enthalten. Eine Ausnahme davon macht nur das Kochsalz (Chlor= natrium), welches bei uns, ja bei den meisten Völkern, einen Extrazusatz zu den übrigen Bestandtheilen der Nahrung zu bilden pflegt. Die Aschenbe= standtheile erfüllen wichtige, ja nothwendige Zwecke im Körper, welche aber für die einzelnen derselben verschieden sind, daher auch ein Stoff dieser Gruppe die anderen nicht in demselben Grade zu ersetzen vermag, wie dies bei den Stoffen andrer Gruppen der Nahrungsbestandtheile im Ganzen der Fall ist.

So bildet der **Kalk** in Verbindung mit **Phosphorsäure** und **Kohlensäure** einen Hauptbestandtheil der Knochen. Seine Einfuhr in den Körper durch die Nahrung ist daher nicht blos nothwendig, so lange die Knochen wachsen, sondern auch noch später, zum Ersatz des Kalkes, der durch den beständigen Stoffwechsel aus seiner Verbindung mit den Knochen gelöst und als unbrauchbar geworden aus dem Körper ausgeschieden wird.

Das **Eisen** bildet einen seiner Menge nach zwar nur sehr geringen aber wesentlichen Bestandtheil des Blutes, namentlich der Blutkörperchen, die ihrerseits dazu dienen, den durch den Athemprozeß in die Lungen gelangten Sauerstoff dort aufzunehmen und überall im Körper zu verbreiten, wo er als Hauptvermittler des organischen Stoffwechsels nöthig erscheint.

Andere Stoffe dieser Gruppe spielen wichtige Rollen beim Stoffwechsel selbst, so das Kochsalz, die Phosphorsäure, die mit Kohlensäure verbundenen alkalischen Basen (Kali, Natron, Magnesia).

Das **Kochsalz** wird neben anderen Aufgaben, die es im Körper erfüllt (vergl. § 10), dadurch wichtig, daß es in seine Bestandtheile zerlegt wird, von denen der eine, die Salzsäure, einen zur Verdauung wichtigen Theil des Magensaftes bildet, während der andere, das Natron, in die Galle übergeht und mit dieser weitere Zwecke erfüllt.

Die **Phosphorsäure** ist ein wichtiges Element für Entwicklung und Wachsthum aller organischen Gebilde, namentlich der sogenannten „Zellen", welche die Elementarformen aller thierischen und pflanzlichen Gewebe bilden. Aus demselben Grunde spielt sie auch in der Landwirthschaft unter den künstlichen Düngungsmitteln eine große Rolle.

Die **kohlensauren Alkalien** leisten unter Anderem eine wichtige Beihülfe bei der Zersetzung der Respirationsmittel durch den Sauerstoff. Sie lassen sich in gewissem Sinne mit dem Blasebalg vergleichen, welcher die Verbrennung derselben im Körper anfacht und unterhält. Dadurch spielen sie eine nicht ganz unbedeutende Rolle bei der Zersetzung des Fettes, indem ein Mangel derselben im Körper die Fettablagerung begünstigt, reichliches Vorhandensein derselben dagegen das Verschwinden des Fettes befördert. Von diesem Verhältnisse, das bei der Behandlung der übermäßigen Fettablagerung im Körper Beachtung verdient, wird noch später die Rede sein. (§ 14 und 23.)

§ 10. 5. Zu den Nahrungsmitteln gehört in gewissem Sinne noch eine Gruppe von Stoffen, die zwar zur Unterhaltung des Lebens nicht absolut nothwendig sind, aber doch gewisse, wenigstens unter bestimmten Verhältnissen sehr wichtige Zwecke erfüllen und deßhalb, besonders in der Neuzeit, für eine große Anzahl Menschen fast unentbehrlich geworden sind. Es sind dies „Gewürze" und sogenannte „Genußmittel".

Die Gewürze, zu denen Pfeffer, Zimmt, Ingwer, Piment, Senf, Zwiebeln, zum Theil das §. 9 erwähnte Kochsalz und manche andere Jedermann bekannte Dinge gehören, dienen nicht blos, den Geschmack der Speisen zu verbessern und dadurch den Appetit zu reizen, sie nützen auch vielfach durch Beförderung der Verdauung. Wenn diese Gründe ihrer Anwendung wegfallen, können sie zur Noth entbehrt werden, — lehrt doch schon ein altes Sprüchwort „Hunger ist das beste Gewürz". In anderen Fällen dagegen ist ihre Anwendung nicht blos zulässig, sondern selbst wünschenswerth. Nur ist vor ihrem übermäßigen Gebrauch zu warnen, da derselbe durch Ueberreizung des Appetits, wie durch Ueberreizung des Magens schaden kann.

Unter „Genußmitteln" versteht man gewisse allbekannte Dinge, wie Kaffee, Thee, Chocolade, Wein, Bier, Branntwein, Tabak u. dergl., oder vielmehr die eigentlich wirksamen Bestandtheile dieser Gegenstände (das Kaffëin im Kaffee, Theëin im Thee, Theobromin im Cacao — drei in ihrer chemischen Zusammensetzung ziemlich identische Stoffe — den Alkohol der verschiedenen Spirituosen, das Nicotin des Tabaks ꝛc.). Sie sind keine eigentlichen Nahrungsmittel, wirken aber hauptsächlich anregend auf das Nervensystem, dessen Thätigkeit auf angenehme Weise erhöhend und dadurch Genüsse gewährend, in denen Manche mit Vergnügen schwelgen. Aber sie vermögen ebensowohl die schlummernden Kräfte des Organismus zu wecken, sie zu einer, freilich vorübergehenden, Thätigkeit anzuspornen und so gewissermaßen dessen todt liegendes Kapital flüssig zu machen. Dadurch werden diese Dinge häufig nützlich, ja in unserer rasch lebenden Zeit, die nicht selten bedeutende momentane Entwicklung von körperlicher und geistiger Energie verlangt, oft ganz unentbehrlich. Freilich sind sie nur dann ohne Schaden zu verwenden, wenn der Organismus das Kapital von Kraft, welches sie zu rascher Verwendung flüssig machen, auch wirklich besitzt, und wenn ihm dasselbe später durch entsprechende Nahrungsaufnahme und deren ungestörte Verdauung wieder ersetzt wird.

Manche dieser Dinge sind reine Genußmittel in dem geschilderten Sinne, andere enthalten, namentlich in gewissen Formen, in denen sie genossen werden, zugleich Nahrungsbestandtheile. Es ist daher gar nicht gleichgültig, welche derselben man genießt und in welcher Form dies geschieht. So sind z. B. starker Kaffee und Thee ohne Milch und Zucker reine Genußmittel, dieselben schwächer und mit viel Milch und Zucker, oder Chocolade durch ihren reichen Gehalt an Zucker, Fett, Stärke ꝛc. gleichzeitig Nahrungsmittel. Starker Branntwein, Rum ꝛc. wirkt vorzugsweise als

Genußmittel, wiewohl der Alkoholgehalt desselben auch als „Respirations=
mittel" (§ 8) im Organismus verwandt wird; ein sehr gehaltreiches Bier
hat ganz andere Wirkungen, es ist, namentlich für solche, die daran gewöhnt
sind, in viel höherem Grade ein Nahrungsmittel; ein leichter Wein oder
Cider mit wenig Alkohol und etwas Säure wirkt dagegen mehr als erfrischen=
des Getränk.

§ 11. Aus dem Vorhergehenden ergiebt sich, daß nicht alle soge=
nannten Nahrungsmittel zur Ernährung des Körpers und zur Entwicklung
der zu seiner Thätigkeit nothwendigen Kräfte in gleichem Maße geeignet
sind. Deßhalb erscheint es zweckmäßig, daß die Auswahl der Nahrungs=
mittel, die „Diät", auch bei ganz Gesunden eine etwas verschiedene sei, je
nach Lebensalter, Körperconstitution, Beschäftigung und sonstiger Lebensweise,
Jahreszeit und Klima ꝛc. Dieser Punkt ist so wichtig, auch für unseren
speciellen Zweck, daß er eine etwas genauere Betrachtung verdient.

Jede Nahrung, wenn sie genügen soll, muß Substanzen aus jeder der
geschilderten Gruppen enthalten und zwar in einem gewissen, allerdings
nach den Umständen etwas wechselnden Verhältnisse. Ist dies nicht der Fall,
so kann Leben und Gesundheit auf die Dauer nicht bestehen. Von Zucker
oder Stärke z. B. allein kann Niemand leben; Kinder, wie es bisweilen
von Unwissenden geschieht, ausschließlich mit Arrowroot, fast reinem Stärke=
mehl auffüttern wollen, heißt, dieselben einem sicheren Tode weihen.

Unter der großen Anzahl von Nahrungsmitteln giebt es nur wenige,
welche für sich allein, mit Ausschluß der übrigen, Leben und Gesundheit zu
erhalten vermögen. Hierher gehört vor Allen die Milch. Sie enthält Be=
standtheile aus allen vier genannten Gruppen: Wasser, Käsestoff (plastische
Substanz), Milchzucker und Fett (Respirationsmittel), Salze (Aschenbe=
standtheile) und zwar in einem zweckmäßigen Verhältnisse. Daher kann sie
auch für den Säugling zur ausschließlichen Nahrung dienen und diesem
alle übrigen Speisen und Getränke ersetzen, da sie ihm Alles liefert, was
er zu seinem Wachsthum so wie zu den Aeußerungen seiner Thätigkeit
nöthig hat. Selbst ein Erwachsener kann allenfalls ausschließlich von Milch
leben. Doch ist dies nur selten zweckmäßig, denn eine solche Kost in der
nöthigen Menge genossen belästigt häufig die Verdauungsorgane und wirkt
im Allgemeinen allzu reizlos und erschlaffend. Zwar können auch Brod,
oder das Mehl von Getreidearten in anderen Formen (als Brei, Polénta),
oder Hülsenfrüchte, wie Linsen, Erbsen, Bohnen — Reis — selbst nicht zu
mageres Fleisch, in Verbindung mit Wasser als Getränk zur Noth als aus=
schließliche Nahrung dienen. Aber jede dieser Substanzen, für sich allein
genossen, erfüllt die Ansprüche nur unvollkommen, welche der Mensch an
seine Nahrung zu machen berechtigt ist, und eine solche Diät rächt sich

meist über kurz oder lang in verschiedner Weise, durch Störungen der Ver=
dauung, Zurückbleiben der körperlichen oder geistigen Energie unter dem
wünschenswerthen Maßstab, selbst durch tiefere Störungen der Gesundheit.
Deßhalb ist es wünschenswerth, daß die Nahrung des Menschen, abgesehen
von dem Säuglingsalter, in der Regel eine gemischte und zugleich eine öfters
wechselnde sei, wie wir dies auch bei den kultivirten Völkern aller Länder
und Zeiten praktisch durchgeführt sehen. Damit soll jedoch den verderblichen
Künsteleien einer raffinirten Feinschmeckerei nicht das Wort geredet werden:
die von dieser erfundenen Kochrezepte haben mehr Kitzel des Gaumens, als
Gesundheit und Zweckmäßigkeit im Auge.

Auch sollte die Art der Nahrung noch mehr als es in der Regel geschieht,
den verschiedenen Bedürfnissen der Einzelnen angepaßt sein, wie dies schon
früher (§§ 2 und 4) angedeutet wurde. So bedarf Jemand, der vorzugs=
weise mit dem G e i s t e arbeitet, einer weniger nahrhaften und feineren Kost,
als eine Person, deren Thätigkeit große Körperanstrengungen erfordert.
In heißen Ländern und in heißen Jahreszeiten, wo der Körper weniger
Erwärmung bedarf, sollte die Nahrung weniger oder wenigstens nicht so
energisch wirkende Respirationsmittel enthalten, als in kalten Ländern
und Jahreszeiten, wo eine größere Menge solcher Stoffe im Körper
„verbrannt" werden muß, um dem Organismus die nöthige Wärme
zu liefern u. s. w. Dergleichen Vorschriften, wie die Beschaffenheit sowohl
als die Menge der Nahrung nach theoretischen, aber von der Erfahrung
bereits bestätigten Grundsätzen, den jedesmaligen Bedürfnissen angepaßt
werden sollte, lassen sich noch für viele andere Fälle geben, und sie haben
sicherlich nicht blos ein großes theoretisches Interesse, sondern auch eine
große praktische Wichtigkeit für die „Diätetik". Aber ihre genauere Be=
trachtung würde allzuweit von unserem eigentlichen Zwecke abführen, und
es wird daher im Folgenden nur von denen die Rede sein, welche zur Fett=
bildung beim Menschen eine besondere Beziehung haben.

§ 12. Mit Benützung des Vorhergehenden will ich nun versuchen,
die Umstände, welche die Entstehung von Korpulenz oder, was dasselbe ist,
von übermäßiger Fettablagerung begünstigen oder derselben entgegen wirken,
anschaulich zu machen.

Fett häuft sich im Körper dann an, wenn die Zufuhr desselben zum
Körper oder seine Erzeugung im Körper seinen Verbrauch innerhalb des
Organismus übersteigt, während umgekehrt durch alle Umstände, welche
bewirken, daß der Fett verbrauch die Fett ablagerung überwiegt, eine
vorhandene übermäßige Fettablagerung zum Verschwinden gebracht werden
kann. Beides kann aber durch verschiedene Bedingungen bewirkt werden,
natürlich um so leichter, je mehr solcher Bedingungen, die nach derselben

Richtung hin wirken und sich gegenseitig unterstützen, gleichzeitig vorhanden sind.

Zunächst kommt in Betracht der mehr oder weniger reichliche Genuß von solchen Nahrungsmitteln, welche bereits fertiges Fett enthalten oder wenigstens solche Bestandtheile, aus denen im Körper leicht Fett gebildet werden kann.

Hieher gehört der reichliche Genuß von solchen Substanzen, welche entweder geradezu aus Fett oder Oel bestehen, — wie Butter, Oel, Speck, fettes Fleisch, — oder diese in großer Menge enthalten, wie fette Milch, fette Pasteten oder anderes derartiges Backwerk, fettes Butterbrod, reichlicher Zusatz von Fett oder Oel zu den Speisen, also überhaupt eine sogenannte „fette Kost". Es ist eine alte Erfahrung, daß „Fett fett macht". Sie ist freilich nur unter Umständen richtig: soll sie sich bewähren, so muß der Magen gut sein — denn fette Kost ist im Allgemeinen schwer verdaulich, — und es dürfen keine Verhältnisse entgegenwirken, welche den Stoffwechsel, namentlich den Fettverbrauch, innerhalb des Körpers zu einem ungewöhnlich großen machen.

Aehnlich wie Fett, wenn auch nicht so direct wie dieses, wirken die übrigen § 8 genannten „Respirationsmittel": Stärke, Gummi, Zucker, Alkohol u. s. f. Sie können dies in doppelter Weise, einmal dadurch, daß sie durch den Stoffwechsel im Körper in Fett umgewandelt werden, also das Material zu dessen Bildung liefern können. Dann aber auch dadurch, daß sie sich des Sauerstoffes im Körper bemächtigen, welcher außerdem zur Verbrennung von Fett verwandt würde, und so das Fett vor der Zersetzung durch den Stoffwechsel schützen. Da die meisten, namentlich die aus dem Pflanzenreiche stammenden Speisen reich an solchen „Respirationsmitteln" sind, so kann jeder reichliche Genuß derselben diese Wirkung haben, besonders der von Brod, Reis, Kartoffeln, Mehlspeisen, Breiarten (um so mehr, je consistenter, fetter und süßer sie sind), zuckerreichen Wurzelgemüsen, wie Karotten, Rüben ꝛc. Auch Getränke können diese Wirkung haben, wenn sie sehr reich an Zucker, Gummi (sogenannten Extractivstoffen) und Alkohol sind, unter diesen vor allen ein sehr gehaltvolles, malzreiches Bier, oder schwere, süße Weine, süßer Grog ꝛc.

Nahrungsmittel aus der Gruppe der „plastischen" Stoffe (§ 7) sind dagegen der Fettablagerung im Körper nicht günstig. Personen, die ausschließlich oder vorzugsweise von nicht zu fetter Fleischkost leben oder von fettarmer Milch (Buttermilch), leiden daher nicht leicht an Korpulenz.

§ 13. Ebenso wichtig als die Beschaffenheit der Nahrung sind aber für das Zustandekommen oder Fehlen von Fettablagerung im Körper auf der anderen Seite diejenigen Verhältnisse, welche den Stoffwechsel und damit den Fettverbrauch im Organismus steigern oder herabsetzen.

Liegt der Stoffwechsel im Körper darnieder, wie bei träger Ruhe des Körpers und Geistes, so bildet sich um so leichter Fett, je mehr gleichzeitig Respirationsmittel genossen werden. Daher findet man verhältnißmäßig die größte Anzahl korpulenter Personen und die höchsten Grade von Korpulenz unter der Klasse der wohlhabenden und wohllebenden Faulenzer. Aus demselben Grunde begünstigt viel Schlaf, so wie ein „phlegmatisches Temperament" die Entstehung von Korpulenz. In gleicher Weise wirkt ein Darniederliegen der Geschlechtsfunction. Frauen werden in gewissen Jahren, nachdem diese Functionen aufgehört haben, leichter korpulent als in ihren früheren Jahren. Kastraten, unter Menschen sowohl als Thieren, sind zur Fettablagerung geneigter als Individuen, bei denen die Geschlechtsfunction noch fortbesteht. Es ist dies eine Erfahrung, die seit langer Zeit von Viehzüchtern praktisch verwerthet wird; man „verschneidet" junge Thiere aller Art: Hähne, Stiere, Schweine ꝛc., weil sie sich dann leichter mästen, d. h. fett machen lassen.

Einen großen Einfluß auf den Stoffwechsel und damit auf den Fettverbrauch im Körper hat die verschiedene Energie des Respirationsprozesses, die wiederum von verschiedenen Ursachen abhängig ist. Zunächst kommt dabei die Menge des Sauerstoffes in Betracht, welcher als Bestandtheil der Luft beim Athmen in den Körper aufgenommen wird. Diese hängt aber zum großen Theil ab von der Größe und Energie der Lungen. Daher sind Menschen mit verhältnißmäßig großen, sehr gesunden und energischen Lungen viel weniger zur Korpulenz geneigt, selbst wenn sie reichliche und die Fettbildung begünstigende Nahrung genießen, ja sich einer behaglichen Ruhe hingeben, als Andere, mit verhältnißmäßig kleinen und wenig thätigen Lungen; Letztere haben eine viel größere Anlage, korpulent zu werden, wenn ihre Diät und sonstige Lebensweise dies nur einigermaßen begünstigt. Daraus erklärt sich, wenigstens zum Theil, warum man bei verschiedenen, übrigens ganz gesunden Menschen auch bei gleicher Lebensweise, bald keine, bald sehr große Anlage zur Korpulenz beobachtet, und warum eine gewisse Körperstatur — kurzer, gedrungener Körperbau mit kleiner Brust und kurzem, dickem Halse — häufig die Korpulenz begünstigt. Auch auf Thiere, namentlich die verschiedenen Rassen unserer Hausthiere, finden diese Verhältnisse Anwendung. Manche derselben lassen sich bei demselben Futter viel leichter mästen, als andere, und intelligente Viehzüchter können aus der Kenntniß dieser Verhältnisse und ihrer richtigen Anwendung große pecuniäre Vortheile ziehen.

§ 14. Aber nicht blos die Menge des in die Lungen eingeführten

Sauerstoffes kommt hierbei in Betracht. Damit derselbe zur Wirkung ge= langen kann, muß er auch überall im Körper verbreitet werden. Dies ge= schieht aber vorzugsweise durch das Blut oder genauer durch die sogenann= ten Blutkörperchen. Diese nehmen in den Lungen den Sauerstoff der eingeathmeten Luft auf und verbreiten ihn durch den ganzen Körper. Daher kommt unter den Ursachen einer größeren oder geringeren Zersetzung von Fett im Körper auch die Menge des Blutes, resp. der Blutkörperchen in Betracht. Je geringer diese ist — natürlich innerhalb gewisser Grenzen, deren Ueberschreitung Krankheiten bedingt, bei welchen durch tiefgreifende Störung der Ernährung meist auch die Fettbildung gestört wird — um so leichter kommt es zu einer Ablagerung von Fett, und umgekehrt wirkt eine sehr reichliche Menge von Blutkörperchen der Korpulenz entgegen. Jugend= liche Personen, bei denen der Reichthum an Blutkörperchen im Allge= meinen ein größerer ist, neigen daher seltner zur Korpulenz, als ältere. Beim weiblichen Geschlechte, das im Durchschnitt etwas ärmer an Blut= körperchen ist als das männliche, beobachtet man mit aus diesem Grunde eine etwas größere Neigung zur Fettablagerung als bei Männern. Oft wiederholte kleine Blutverluste oder Aderlässe begünstigen die Fettbildung. Ebenso eine Reihe von Einflüssen, welche dem Körper einerseits eine reich= liche Menge von Respirationsmitteln zuführen, andererseits in einem ge= wissen Grade die Blutbildung schwächen. Man beobachtet dies z. B. nicht selten bei Trinkern, so lange das Laster einen gewissen Grad nicht über= schreitet; denn dann entstehen krankhafte Störungen der Verdauung und Ernährung, welche auch der Fettbildung entgegenwirken.

Im Gegensatz mit den ebenerwähnten Fällen wird durch gewisse Ein= flüsse, welche den Stoffwechsel, und damit den Zersetzungsprozeß im Körper steigern, auch die Neigung zur Fettablagerung, also zur Entstehung von Korpulenz, herabgesetzt. So bei angestrengter körperlicher oder geistiger Thätigkeit. Personen, welche sehr angestrengt körperlich oder geistig arbeiten, werden selten korpulent; wiewohl es auch einzelne Ausnahmen von dieser Regel giebt, in denen die entgegengesetzten, die Fettbildung begünstigenden Einflüsse überwiegen. Sorgen, welche den Geist aufregen, anhaltende Nachtwachen ꝛc. sind daher ebenfalls dem Fettwerden nicht günstig, wie dies ja die Erfahrung längst gelehrt hat, ehe man noch den Grund davon kannte. Fieberhafte Krankheiten, bei denen der Stoffwechsel im Körper sehr gestei= gert und gleichzeitig durch Störung des Appetits und der Verdauung die Nahrungsaufnahme sehr beschränkt wird, bewirken immer, oft sehr rasch und in sehr bedeutendem Grade, eine Abnahme des Fettes im Körper, und damit Abmagerung.

Auch ein reichlicher Gehalt des Körpers, namentlich des Blutes, an

kohlensauren Alkalien ist aus dem §. 9 erwähnten Grunde der Fett=
bildung nicht günstig.

Ebenso wirkt im Allgemeinen der reichliche Gebrauch der §.
10 er=
wähnten Genußmittel der Fettablagerung entgegen. Doch nicht in allen
Fällen. Um so mehr, je reiner dieselben genossen werden. Daher gilt dies
namentlich von starkem Thee und Kaffee, leichten Weinen, von Brannt=
wein, Rum, Kirschwasser, Genever ꝛc., die in kleinen Mengen, am besten
mit viel Wasser verdünnt, genossen werden. Man sagt daher nicht mit
Unrecht, daß dieselben „zehren". Werden dagegen diese Dinge in einer
Form genossen, welche neben dem Genußmittel zugleich eine große Menge
von „Respirationsmitteln" enthält, so können letztere die Wirkung der
„Genußmittel" nicht blos aufheben, sondern selbst das Gegentheil bewirken.
Dies gilt von schwachem Kaffee und Thee mit viel Milch und Zucker, von
Cacao und Chocolade, namentlich aber von einem sehr malzreichen Bier.

Folgen der übermäßigen Fettablagerung im Körper.

§ 15. Die Folgen einer gesteigerten Fettablagerung im Körper sind
nach dem Grade derselben und nach sonstigen dabei stattfindenden Umständen
einigermaßen verschieden.

Bei mäßiger Fettablagerung sitzt das Fett hauptsächlich äußerlich am
Körper, zwischen Haut und Fleisch, im sogenannten Unterhautfettgewebe.
Ueberschreitet die Fettablagerung an dieser Stelle eine gewisse Grenze nicht,
so ist sie eher ein Vortheil als ein Nachtheil; ja sie gilt mit Recht für ein
Zeichen von Gesundheit und guter Ernährung. Die durch sie hervorge=
brachten mehr abgerundeten Körperformen gehören selbst mit zum Begriffe
der Schönheit, vorzüglich beim weiblichen Geschlecht und in den Augen
mancher Völker; so namentlich bei den Orientalen. Ueberdies bildet das ab=
gelagerte Fett gewissermaßen ein Reservematerial für den Organismus, das
nöthigenfalls zur Entwicklung von Kraft und Thätigkeit in der früher ge=
schilderten Weise verwandt werden kann — dergleichen Personen haben
daher „etwas zuzusetzen". In kalten Ländern und kalten Jahreszeiten ge=
währt es dabei noch den Vortheil, den Körper einigermaßen gegen Entziehung
seiner Wärme zu schützen, und bildet dadurch in gewissem Grade einen Ersatz
für warme Kleidung. Diesen Vortheilen gegenüber kommen kleine Nachtheile
wie: leichte Beschränkung der Gelenkigkeit und Beweglichkeit des Körpers
und eine etwas gesteigerte Neigung zur Transspiration in der Wärme oder
bei verstärkten Anstrengungen — kaum in Betracht.

§ 16. Anders gestaltet sich jedoch die Sache, wenn diese Fettablage=

rung einen höheren Grad erreicht. Dann führt sie zur Verunstaltung des Körpers, und wird zur Last, ja oft zur drückenden Qual.

Sie verunstaltet die Form des Körpers, indem sie die, von einem gebildeten Schönheitssinne geforderte feine Modellirung seiner Oberfläche verwischt. Die sanftgerundeten Arme verwandeln sich in plumpe Walzen, die zierlichen Hände in ungestalte Klumpen; die reizenden Grübchen am Kinn und den Wangen werden verwischt, der früher graziöse Hals versteckt sich hinter den herabhängenden Wülsten eines Doppelkinnes und nicht selten verliert der sich zum Kusse spitzende Mund beim Anblick eines solchen „allzufetten Bissens" allen Appetit dazu!

Von den Unbequemlichkeiten, ja Qualen, welche ein höherer Grad von Korpulenz in seinem Gefolge hat, sind mehrere bereits von Banting im vorstehenden offenen Briefe aus eigener, schwer empfundener Erfahrung recht treffend geschildert worden. Sie hemmt den freien Gebrauch der Glieder, macht jede körperliche Anstrengung zur Qual und erfüllt im buchstäblichen Sinne den Fluch der Schrift: „Im Schweiße Deines Angesichtes sollst Du Dein Brod essen". Dazu kommt noch, daß so Geprüfte bei Anderen nur selten die mitleidsvolle Theilnahme, diesen Balsam Leidender, finden, welche Kranken so gerne gewährt zu werden pflegt; viel häufiger haben sie neben ihrem Schaden auch noch Spott zu erdulden, und müssen oft ihre ganze Kraft aufbieten, um mit Gleichmuth die Fluth von guten und schlechten Witzen zu ertragen, welche so häufig auf ihre Kosten gemacht werden. Nehmen doch selbst beliebte Schriftsteller keinen Anstand, ihren Spott über solche Arme auszugießen, indem sie ihren Lesern schildern, wie dieselben „eingepreßt in ein Post= oder Eisenbahn=Coupé und dabei natürlich die Grenzen ihres für gewöhnliche Menschenkinder berechneten Platzes weit überschreitend, links die Stahlreifen der Crinoline einer schönen Nachbarin sprengen, rechts einer anderen die Hutschachtel zerdrücken und dabei, in ihrem vergeblichen Bemühen, sich den heiß von der Stirne rinnenden Schweiß abzutrocknen, durch einen Stoß mit dem Ellnbogen das Schooßhündchen gegenüber in heulendes Winseln versetzen 2c."

§ 17. Aber nicht blos Unbequemlichkeiten und Qualen hat die übermäßige Fettablagerung in ihrem Gefolge; sie kann auch Wirkungen hervorrufen, welche die Gesundheit stören, ja selbst das Leben bedrohen und zu einem vorzeitigen Tod führen.

Dies geschieht hauptsächlich dadurch, daß das Fett nicht blos in der Nähe der Körperoberfläche, zwischen Haut und Fleisch, sondern auch in inneren Körpertheilen abgelagert wird — entweder schon von Anfang an, oder wenigstens in späterer Zeit, bei Zunahme des Uebels. Unter diesen Fettablagerungen im Innern des Körpers haben besonders zwei Formen sehr

schlimme Folgen, die deshalb auch hier eine etwas genauere Betrachtung
verdienen. Es sind dies: die Fettablagerung innerhalb der Unterleibshöhle
und die am Herzen.

Eine Fettablagerung im Unterleibe ist bei einigermaßen beträcht=
lichem Grade von Korpulenz in der Regel vorhanden, meist sehr frühzeitig,
ja schon von Anfang an. Das Fett wird abgelagert in den Umgebungen
des Darmes, besonders im Gekröse und den sogenannten Netzen. Wird
diese Fettanhäufung einigermaßen beträchtlich, so verwischt sie die „Taille"
drängt den Unterleib hervor und bewirkt so den bekannten „Fett= oder
Schmeerbauch". Dieser wird zunächst zu einer Last, im eigentlichen wie
im figürlichen Sinne des Wortes. Ein im höheren Grade damit Behafteter
muß von den unteren Theilen seines Körpers, seinen Knieen, Waden und
Füßen auf Nimmerwiedersehen Abschied nehmen, und muß sich mit dem
Gedanken vertraut machen, die Form derselben künftig nur von Hörensagen
oder höchstens durch Betrachtung im Spiegel kennen zu lernen. Ja, was
noch viel schlimmer ist, er muß fortan darauf verzichten, die Bewegungen
dieser seiner „Unterthanen" mit eigenen Augen controlliren zu wollen.
Dies erschwert ihm aber das Gehen und besonders das Herabsteigen von
Treppen um so mehr, als gleichzeitig auch der Schwerpunkt seines um eine
große Gewichtslast vermehrten Körpers weiter nach vorn gerückt wird und
die unbehülflicher gewordenen Glieder viel schwerer lenksam sind als früher.

Zu diesen Unbequemlichkeiten, die freilich meist schon an sich quälend
genug sind, gesellen sich aber auch noch wirkliche Leiden. Das im Unterleibe
angehäufte Fett dehnt die Wände desselben auseinander und begünstigt da=
durch die Entstehung von Unterleibsbrüchen (Nabelbrüchen rc.).

Die Fettmassen, welche den Darm umhüllen, stören die Bewegung
des letzteren und beeinträchtigen dadurch häufig bald mehr bald weniger die
Verdauung.

Die schlimmste Folge jedoch ist die, daß das in der Unterleibshöhle
angehäufte Fett auch das Zwerchfell in die Höhe drängt und dessen für das
Athmen nöthigen Bewegungen beschränkt. Dadurch wird das Athmen un=
vollkommen, weniger ausgiebig, und, namentlich bei Anstrengungen, häufig
schwer und keuchend — ein Uebel, das sich sowohl selbst zur wirklichen
Krankheit steigern kann, als auch den Keim zu verschiedenen Krankheiten in
sich trägt. Durch diese Beschränkung der Energie des Athmens wird aber
aus den § 13 entwickelten Gründen wiederum die Fettbildung selbst be=
günstigt, und die Fettsucht trägt somit, ähnlich manchen anderen Krankheiten
des Menschen, in sich selbst die Bedingungen eines beständigen Wachsthumes,
etwa wie eine Feuersbrunst durch ihre eigene Wirkung, die Hitze, welche sie
erzeugt, sich immer mehr vergrößert.

§ 18. Den gefährlichsten Theil der Fettsucht jedoch bilden Ablage=
rungen von Fett am Herzen, die zwar nicht in allen Fällen in gleichem
Maße eintreten, aber doch bei höheren Graden des Uebels nur selten ganz
fehlen. Schon durch das oben erwähnte Heraufdrängen des Zwerch=
felles wird das auf diesem ruhende Herz mehr oder weniger aus seiner
normalen Lage gedrängt und damit seine Bewegung so wie der von der
Bewegung des Herzens abhängige Blutumlauf durch den Körper erschwert,
häufig wird aber auch Fett in das Herz selbst abgelagert: an seiner Ober=
fläche, zwischen seinen Muskelfasern, ja diese können selbst theilweise in Fett
umgewandelt werden. Eine solche „fettige Entartung" des Herzens hat aber
sehr schlimme Folgen. Bereits mäßige Grade derselben vermindern die
Energie der Herzbewegung und bewirken dadurch ein öfters wiederkehrendes
Gefühl von Hinfälligkeit und Schwäche, ja Schwindel, Ohnmacht, momen=
tanes Schwinden des Bewußtseins, oder Anfälle eines höchst lästigen, selbst
bedenklichen „Herzkrampfes". Höhere Grade aber führen fast immer zum
Tode, entweder langsam, durch allmälige Ausbildung einer Herzerweite=
rung, oder rasch, durch Eintritt einer Herzzerreißung oder einer
Herzlähmung, welche beide bei fettiger Entartung des Herzens leicht
erfolgen können. Eine eingehendere Schilderung dieser Krankheitsformen
gehört nicht hierher, da ihre Kenntniß am besten den Aerzten überlassen
bleibt. Aber das Gesagte wird genügen, auf die Gefahren der Fettsucht
aufmerksam zu machen und daran Leidende veranlassen, gegen dieselben
möglichst frühzeitig Hülfe zu suchen, ehe es zu spät wird. So bald sich bei
korpulenten Personen Hinfälligkeit, Neigung zu Schwindel oder Ohnmach=
ten einstellen, sollten diese Erscheinungen für die Betheiligten eine bringende
Mahnung bilden, daß es nun die höchste Zeit ist, eine durchgreifende Kur
nicht länger aufzuschieben.

Behandlung der Korpulenz und Fettsucht; ihre Verhütung, Milderung oder gänzliche Beseitigung.

§ 19. Die Behandlung der Korpulenz, d. h. die Wahl der Mittel,
welche angewandt werden müssen, dieselbe zu beseitigen oder zu verhüten,
ergiebt sich aus den früher (§§ 1—11, namentlich aber 12—14) geschil=
derten Ursachen derselben. Ich hoffe gezeigt zu haben, daß diese Ursachen
sehr mannigfaltig sein können. Da nun bei verschiedenen Personen nicht
immer dieselben Ursachen in gleichem Grade wirksam sind, so erscheint natür=
lich auch nicht in allen Fällen dieselbe Behandlungsweise zweckmäßig, es
gilt vielmehr auch auf diesem Gebiete das Wort des Dichters: „Eines schickt

sich nicht für Alle". Die von Banting empfohlene Behandlungsweise ist allerdings im Allgemeinen ganz zweckmäßig und rationell, wie aus dem Vorhergehenden erhellt und später noch weiter entwickelt wird. Sie reicht auch für viele Fälle vollkommen aus und ist überdies im Ganzen durchaus unschädlich, jedenfalls nie gefährlich. Aber in vielen Fällen läßt sich derselbe Zweck eben so gut erreichen ohne die scrupulöse Befolgung der zum Theil lästigen und häufig manche unnöthige Entbehrungen auflegenden Vorschriften Banting's. In anderen Fällen wird der Zweck jedenfalls sicherer und rascher erreicht durch die gleichzeitige Anwendung noch anderer Mittel. Diese müssen aber jedem einzelnen Falle angepaßt werden und dies wird in der Regel am besten, jedenfalls am sichersten durch das Urtheil eines wissenschaftlich gebildeten Arztes erreicht werden. Daher rathe ich jedem an Korpulenz Leidenden, der bei einer dagegen zu unternehmenden Kur Banting's Vorschriften befolgen oder die im Folgenden von mir zu gebenden Rathschläge beherzigen will, auf's Dringendste, sich, ehe er dazu schreitet, erst mit einem Arzte zu berathen und überhaupt die ganze Kur von einem Arzte überwachen zu lassen. Freilich werden manche Leser denken: „Banting's Methode hat ja so schöne Erfolge gehabt. Sollte es daher nicht am besten sein, sie blindlings und mit scrupulöser Genauigkeit zu befolgen?" An diese erlaube ich mir, in ihrem eigenen Interesse sowohl, als in dem der Würde des ärztlichen Standes einige Worte zu richten:

Es ist eine sich täglich wiederholende Erfahrung, daß Kranke, selbst aus den höheren und gebildeten Ständen häufig mehr Vertrauen haben zu den Mitteln und Kuren von Nichtärzten verschiedener Art, Quacksalbern und Charlatans, oder auch zu Geheimmitteln: Pillen, Pulvern, Tränken ꝛc., als zu den Rathschlägen wissenschaftlich gebildeter Aerzte. Sie hören von „guten Freunden" die Erfolge rühmen, welche jene Männer, Vorschriften oder Mittel in einzelnen Fällen gehabt haben, werden dadurch bestochen und veranlaßt, auch in ihrem Falle sich der Vorschrift oder des Mittels zu bedienen. Dabei bedenken sie nicht, daß andere, oft überwiegend zahlreichere Fälle nicht zu ihrer Kenntniß kommen, in denen jene „Mittel ꝛc." nichts genützt, ja vielleicht selbst geschadet haben. Sie vergessen ganz, daß sie meist gar nicht im Stande sind zu beurtheilen, ob die Fälle, in welchen das Mittel genützt hat, auch demjenigen gleichen, in welchem sie es anwenden wollen. Vielleicht tragen diese und die folgenden Betrachtungen dazu bei, sie in solchen Fällen künftig etwas vorsichtiger zu machen.

Zwischen der Anwendung eines Mittels oder der Vorschrift eines Quacksalbers bei einem Krankheitsfalle, in dem man dieselben für passend hält — und zwischen der Art, wie ein wissenschaftlich gebildeter Arzt seine Behandlungsweise begründet, ist ein großer Unterschied. Im erstere Falle fragt man höchstens: „Paßt das Mittel auch für den Fall?" und glaubt meist, diese Frage unbedenklich bejahen zu können, wenn der Fall einem anderen, in welchem dasselbe Mittel früher geholfen haben soll, einigermaßen zu gleichen scheint, oder wenn auch nur die Krankheit in beiden Fällen mit demselben Namen belegt wird. Man übersieht dabei, daß kaum ein Krankheitsfall einem anderen ganz gleicht, und daß mit dem Namen einer Krankheit noch lange nicht ihre Behandlungsweise gegeben ist, diese vielmehr in verschiedenen Krankheitsfällen, welche denselben Namen tragen, doch nicht selten eine sehr verschiedene sein muß.

Der Arzt dagegen geht bei seinen Verordnungen auf eine ganz andere Weise zu Werke. Er ermittelt zuerst, welche Heilaufgabe in einem Krankheitsfalle vorliegt. Ueber diese kann in den meisten Fällen kein Zweifel bestehen, sobald man nur im Stande ist, die Natur der vorliegenden Krankheit richtig zu erkennen, oder die Ursachen zu ermitteln, welche den Haupterscheinungen derselben zum Grunde liegen. Erst wenn die Heilaufgabe feststeht, kommt die Frage in Betracht, durch welche Heilmethode die erstere am besten erfüllt werden kann. Meist bieten sich mehrere Heilmethoden dar, unter denen die den vorliegenden Umständen am meisten entsprechende, also zweckmäßigste, ausgewählt werden muß. Nur wenn diese gefunden ist, also erst in dritter Reihe, kommen die anzuwendenden Heilmittel oder die speciellen ärztlichen Verordnungen, Rezepte wie sonstige Vorschriften, in Betracht. Fast immer nämlich läßt sich ein Heilzweck durch verschiedene Mittel erreichen oder eine Heilmethode fordert die Anwendung mehrerer Heilmittel, bald gleichzeitig, bald in zweckmäßiger Aufeinanderfolge, und wird dadurch zu einer sogenannten „Kur". Dabei ist es meist von besonderer Wichtigkeit, die oft sehr complicirten oder verborgenen Ursachen einer Krankheit zu ermitteln und zu beseitigen, oder wenigstens zu bekämpfen, wenn sie sich entdecken lassen, noch fortwirken und wenn deren Beseitigung, was leider nicht immer der Fall ist, in der Macht des Arztes steht.

Hieraus erhellt, daß jede ärztliche Verordnung eine oft sehr verwickelte und mitunter sehr schwierige, daher viel Kopfzerbrechen fordernde Verstandesoperation voraussetzt, ganz abgesehen von dem Ausfragen des Kranken oder seiner Umgebungen und den sonstigen ärztlichen Untersuchungen, welche meist erforderlich sind, um die nöthigen Grundlagen zur Auffindung der zweckmäßigsten Behandlungsweise zu gewinnen. Kein gewissenhafter Arzt kann sich bei seinen Verordnungen, auch den scheinbar einfachsten, diese Verstandsoperation ersparen. Uebung und Erfahrung erleichtern die Sache, und bringen das Facit der verwickelten Rechnung oft so schnell zu Tage, daß der Nichtarzt meist keine Ahnung davon hat, welche complicirte geistige Thätigkeit dazu nöthig war.

Ein häufig vorkommendes, Jedermann verständliches Beispiel mag dienen, dieses Verfahren anschaulich zu machen. Setzen wir den Fall, es handle sich um die Kur einer Verdauungsstörung, welche durch den Genuß unverdaulicher oder schädlicher Speisen, oder auch nur durch eine Ueber= ladung des Magens mit an sich unschädlichen aber zu reichlich genossenen Nahrungsmitteln herbeigeführt wurde. Die Heilaufgabe in einem solchen Falle kann keinen Augenblick zweifelhaft sein: sie besteht darin, die gestörte Verdauung wieder herzustellen. Aber die Art, wie diese Aufgabe am besten erfüllt wird, also die Heilmethode und die zu derselben nöthigen Heil= mittel können, ja müssen je nach der Beschaffenheit des Falles sehr ver= schieden sein.

Ist der Fall ein ganz frischer und die Menge der genossenen Dinge eine sehr beträchtliche oder sind dieselben sehr unverdaulich oder schädlich, so erscheint es am zweckmäßigsten, durch Erregen von Erbrechen den Magen von denselben zu befreien. Damit ist die Heilmethode gegeben. Die Mittel, dieselbe durchzuführen, können aber sehr verschieden sein. Man kann Erbrechen erregen durch reichliches lauwarmes Getränk, durch Kitzeln des Schlundes, oder durch ein aus der Apotheke zu verschreibendes Brech= mittel, wozu wiederum verschiedene Mittel und in verschiedener Dosis oder Zusammensetzung dienen können. Der Arzt wird unter diesen Verfahrungs= weisen diejenige auswählen, welche am meisten den Verhältnissen des vor= liegenden Falles entspricht.

Anders gestaltet sich die Sache, wenn der Fall nicht mehr ganz frisch ist, so daß die schädlichen Speisen nicht mehr im Magen verweilen, sondern bereits in den Darm übergetreten sind. Hier kann Erbrechen nichts nützen, die Heilmethode wird vielmehr darin bestehen müssen, die schädlichen Stoffe, deren Entfernung wünschenswerth erscheint, nach unten zu entleeren. Man erreicht dies durch Abführmittel, deren es eine große Anzahl giebt, unter denen wieder je nach der Beschaffenheit des Falles die Auswahl getroffen werden muß.

Ist dagegen die Menge oder Schädlichkeit der genossenen Dinge eine geringere, so daß man hoffen darf, die Verdauungsorgane, gehörig unter= stützt, können dieselben auch ohne gewaltsame Entfernung nach oben oder unten bewältigen, so verdient wieder eine andere Heilmethode den Vorzug. Man läßt den Kranken fasten und gestattet dadurch seinen Verdauungs= organen, ihre ganze Thätigkeit auf die Bewältigung der feindlichen Stoffe zu concentriren, unterstützt überdies diese Thätigkeit durch passende Mittel — in leichteren Fällen reicht dazu Camillenthee aus, — in schwereren bietet die Apotheke eine große Auswahl von passenden, die Verdauung kräftiger anregenden Mitteln. Vergleichen wir nun dieses Verfahren eines

denkenden Arztes mit dem von Nichtärzten, von welchen der Eine gehört
hat, daß man einen verdorbenen Magen durch ein Brechmittel, der Andere,
daß man ihn durch Fasten und Camillenthee „curiren" müsse, und die
von ihrem Mittel in allen vorkommenden derartigen Fällen Gebrauch
machen. Der Freund des Brechmittels wird in einzelnen Fällen das
Richtige treffen, in anderen aber damit nichts nützen, im Gegentheil selbst
positiv schaden. Der Anhänger von Fasten und Camillenthee wird seltner
einen positiven Schaden bringen, wohl aber in den Fällen, in welchen diese
Mittel nicht ausreichen, einen negativen, — er wird bewirken, daß der
rechte Zeitpunkt zur Anwendung wirksamerer Mittel versäumt, dadurch die
Krankheit verschleppt und in die Länge gezogen wird.

§ 20. Wenden wir nun die im Vorstehenden erläuterten ärztlichen
Grundsätze auf unsere specielle Aufgabe, die Beseitigung oder Verhütung
von Korpulenz an.

Die Heilaufgabe hierbei ist klar und einfach. Für die Verhütung
der Korpulenz besteht sie darin, zu bewirken, daß nicht mehr Fett im Körper
gebildet wird, als durch den Stoffwechsel wieder verschwindet, so daß sich
also kein Uebermaß von Fett ablagern kann, — für die Beseitigung
der bereits vorhandenen darin, zu veranlassen, daß das überflüssige Fett im
Körper durch den Stoffwechsel zersetzt wird und so wieder verschwindet.

Zur Erfüllung dieser Heilaufgabe bieten sich verschiedene Heilmittel
und Heilmethoden dar. Letztere ergeben sich dadurch, daß man verschie=
dene Heilmittel im weiteren Sinne des Wortes, — d. h. nicht blos solche,
die aus der Apotheke stammen, sondern auch diätetische Veränderungen der
Lebensweise ꝛc., — auf genau bestimmte Weise mit einander verbindet,
mit einander abwechseln oder auf einander folgen läßt, also zu einer soge=
nannten „Kur" vereinigt. Für die Behandlung fast aller Krankheiten gilt
die Regel, daß solche Mittel oder Methoden den Vorzug verdienen, welche
gegen die Ursache der Krankheit gerichtet sind, diese beseitigen oder be=
kämpfen, wenn sie sich ermitteln läßt, noch fortbesteht und entfernt werden
kann. Nur wo dies nicht der Fall ist, muß man sich mit Mitteln und
Methoden begnügen, welche gegen die Krankheit selbst, gegen deren Folgen,
oder gegen Nebenumstände gerichtet sind, wenn nicht etwa einzelne drin=
gende Erscheinungen, wie heftige Schmerzen oder augenblickliche Lebensgefahr
und dergl. eine momentane Abhülfe gebieterisch fordern. Bei der Korpulenz,
die an sich keine eigentliche Krankheit ist, vielmehr zwischen einer solchen
und dem Zustande der Gesundheit in der Mitte steht, bildet die Beseitigung
der Ursachen in allen Fällen nicht blos das unschädlichste, sondern auch das
sicherste und wirksamste Verfahren, ja sie ist der einzige Weg, zu einer
dauernden Heilung zu gelangen. Gelingt es selbst durch Palliativmittel

ohne Beseitigung der Ursachen einen vorübergehenden Erfolg zu erzielen, so wird doch das Uebel immer wiederkehren, so lange die Ursachen fortbestehen.

Schon früher wurde gezeigt, daß die Ursachen der Korpulenz, resp. der Fettanhäufung im Körper und ebendamit die Mittel, ihr vorzubeugen oder sie zu beseitigen, sehr mannigfaltig und complicirt sind. Es wird daher die Uebersicht über die hierbei in Betracht kommenden ziemlich verwickelten Verhältnisse, namentlich für den Nichtarzt, erleichtern, wenn wir die vor= kommenden Fälle von Korpulenz und ebenso die dagegen anzuwendenden Mittel und Methoden in eine Anzahl von Gruppen vereinigen.

§ 21. Betrachten wir zunächst die verschiedenen Fälle von Kor= pulenz. Sie zerfallen naturgemäß in drei Gruppen.

1. Es giebt Fälle, in welchen die Neigung zur Korpulenz bei sonst ganz gesunden Personen eine sehr große ist, und zwar meist in Folge angeborener, in der Regel von den Eltern ererbter Ursachen, die sich aber dem gewöhnlichen Blicke entziehen, daher schwer zu entdecken und, eben weil sie in der Körperconstitution, die sich nicht umändern läßt, begründet sind, sehr schwer, ja oft gar nicht beseitigt werden können. Hierher gehören allerlei angeborene Körperverhältnisse, die eben die Eigenthümlichkeit der individuellen Körperconstitution bilden, wie: verhältnißmäßig kleine, wenig thätige Lungen, — eine verhältnißmäßig geringe Blutmenge oder ein ge= ringer Gehalt des Blutes an Körperchen, — träger Blutumlauf, — phleg= matisches Temperament mit Neigung zu geringer Thätigkeit des Körpers und Geistes, — geringe Energie des Stoffwechsels. Je mehr solche die Entwickelung von Korpulenz begünstigende Verhältnisse bei Jemand zu= sammentreffen, oder je stärker einzelne derselben ausgeprägt sind, um so stärker ist auch die Neigung zur Korpulenz. Da sich bei dieser Gruppe von Fällen diejenigen Ursachen der Korpulenz, welche in der Körpercon= stitution liegen, nicht oder nur unvollkommen beseitigen lassen, so muß man hier natürlich die übrigen, welche einer Einwirkung zugänglich sind, bei der Behandlung um so energischer bekämpfen. Man muß daher sehr strenge und anhaltende Maßregeln ergreifen, nicht selten die ganze gewohnte Lebensweise, namentlich aber die Diät für immer auf zweckmäßige Weise umändern, wenn ein dauernder Erfolg erzielt werden soll. Für diese Fälle vorzugsweise eignet sich die von Banting empfohlene Behandlungsweise. Aber sie muß bei ihnen meist strenge durchgeführt werden, und in der Weise, daß man nicht blos die Beschaffenheit, sondern auch die Menge der Nahrung im Auge behält, und selbst von sonst unschädlichen Speisen jedes Uebermaß vermeidet, welches den Bedarf des Körpers übersteigt.

2. In einer anderen Reihe von Fällen liegen die Ursachen ebenfalls

in Veränderungen der Körperbeschaffenheit, aber in krankhaften, die sich durch ärztliche Kunst mehr oder weniger beseitigen lassen. Zu solchen Ursachen gehören: krankhafter Mangel an Blut oder an Blutkörperchen, Schwäche des Blutumlaufes, Mangel an Alkalien im Blute, krankhaftes Darniederliegen des Stoffwechsels und dergl. In solchen Fällen ist natürlich eine sorgfältige Untersuchung der Ursachen, so wie eine Feststellung und Ueberwachung der Kur durch einen Arzt unumgänglich nöthig. Schon früher (§ 17) wurde erwähnt, daß fast jeder höhere Grad von Korpulenz solche krankhafte Veränderungen im Körper bewirkt, die selbst wieder die Steigerung der Fettsucht begünstigen. Aerztliche Berathung sollte deshalb in allen höheren, bereits auf der Grenze zwischen Gesundheit und Krankheit angelangten Fällen von Korpulenz nie versäumt werden.

3. In einer dritten Gruppe von Fällen bedingt die Körperbeschaffen=heit wenig oder keine Neigung zur Korpulenz, die letztere entsteht vielmehr nur durch äußere Ursachen, hauptsächlich unzweckmäßige Diät und Lebens=weise. Hier ist das Uebel meist leicht und mit geringer Mühe zu beseitigen. Oft genügt dazu schon eine vorübergehende Kur, fast immer eine wenig ein=greifende Veränderung der Kost und sonstiger Lebensgewohnheiten. In solchen Fällen sollte daher jede angreifende oder einigermaßen gefährliche Kur sorgfältig vermieden werden, wie z. B. durch alkalische Arzneien, durch eine künstliche Störung des Appetits und der Verdauung mittelst Brunnen=kuren, Anwendung von sogenannten Mittelsalzen, Apfelwein und dergl.

§ 22. Wir wenden uns nun zur Betrachtung der verschiedenen Heilmittel und Heilmethoden, sowie deren Wirkungsweise. Kennt man diese, so wird es unter Berathung mit einem Arzte leicht sein, zu bestimmen, in welchen Fällen die einzelnen Anwendung verdienen, in welchen nicht, — ebenso, ob ein Mittel oder eine Methode ausreichen wird, oder ob es zweckmäßiger erscheint, mehrere derselben gleichzeitig anzuwenden.

Zur Erleichterung der Uebersicht theilen wir diese Mittel und Me=thoden in folgende Gruppen:

1. Diätetische Mittel. Diese begreifen in sich die Anordnung der Kost, also die Auswahl der Speisen und zum Theil auch der Getränke nach den früher, namentlich §. 12 geschilderten Prinzipien. In Bezug auf sie können allerdings die von Banting in der ersten Abtheilung gegebenen Vorschriften als Richtschnur dienen, doch wird es immer noch zweckmäßiger sein, sich nicht sklavisch an diese Vorschriften zu binden, sondern vielmehr ten Geist und Sinn derselben aufzufassen und darnach die Auswahl der Speisen und Getränke nach Menge und Beschaffenheit mit Berücksichtigung

der jedesmaligen Verhältnisse zu treffen. Es sind hierbei wesentlich folgende Umstände zu berücksichtigen:

a. Die Speisen müssen weniger Respirationsmittel (§ 8), dagegen mehr plastische Stoffe (§ 7) enthalten, als die gewöhnliche oder als die früher gewohnte Kost, welche zur Korpulenz geführt hat. Von einem gänz= lichen Ausschluß aller Respirationsmittel aus der Nahrung kann und darf nicht die Rede sein, der Körper bedarf dieser in einer gewissen Menge. Also nur ein Uebermaß davon ist nachtheilig. Der Bedarf ist aber bei verschiedenen Personen je nach Körperbeschaffenheit, Thätigkeit und Lebens= weise ein verschiedener. Er läßt sich nicht gut im Voraus bestimmen, wird vielmehr am besten ausprobirt, was um so leichter geschehen kann, da ja eine solche Kur immer längere Zeit, Monate lang, fortgesetzt werden muß.

b. Bei Auswahl der Speisen ist ferner Rücksicht zu nehmen auf die Verdaulichkeit derselben und auf den Zustand der Verdauung bei den be= treffenden Patienten, wozu, namentlich bei älteren Personen auch noch die Beschaffenheit der Zähne kommt. Wo die Verdauung gut ist, kann z. B. magerer Käse, ein entschieden plastisches Nahrungsmittel, in größerer Menge genossen werden, ja zum Theil den Fleischgenuß ersetzen, während bei schwacher Verdauung dies nicht ungestraft geschehen kann. In einzelnen Fällen, in denen ein großer Appetit bei mangelnder Selbstbeherrschung solche Personen antreibt, mehr zu genießen als nöthig und somit Korpulenz herbeiführt, könnte zwar eine künstliche Störung der Verdauung durch schwerverdauliche Nahrung den Appetit herabsetzen und dadurch zur Be= seitigung der Korpulenz mitwirken. Ein solches Resultat jedoch absichtlich herbeiführen zu wollen, bleibt immer gewagt, und dürfte kaum je zu recht= fertigen sein.

Ebenso ist selbstverständlich, daß harte Dinge, welche von Personen mit guten Zähnen ohne Mühe zerkleinert werden können, wie z. B. geröstetes Brod, etwas zähes Fleisch, von Patienten, deren Zähne schlecht sind oder fehlen, nicht genossen werden können, und durch weichere von derselben oder ähnlicher Art ersetzt werden müssen, was ja für eine sorg= same Hausfrau oder geschickte Köchin keine Schwierigkeiten hat.

c. Müssen Speisen und Getränke möglichst der Thätigkeitsweise der Patienten, sowie der Jahreszeit, den klimatischen Verhältnissen und dergl. angepaßt werden.

Personen, die sich viel Bewegung machen, oder zu ihrer Thätigkeit größerer Körperanstrengungen bedürfen, haben eine kräftigere Kost nöthig: Fleisch von ausgewachsenen Thieren, von Ochsen, Hammeln, Wild, — während für Personen, die mehr sitzen oder weniger Körperkräfte ver=

brauchen, eine weniger kräftige Fleischkost den Vorzug verdient: Kalb= oder Lammfleisch, Tauben, junge Hühner, Fische 2c.

Personen, die vorzugsweise geistig arbeiten, bedürfen einer feineren und leichter verdaulichen Nahrung, ebenso einer größeren Menge von Genußmitteln, wie: Kaffee, Thee, Wein.

In kalten Zeiten oder Gegenden kann die Kost etwas mehr von inten= siven Respirationsmitteln, wie Fett und Stärkemehl, enthalten, — während in warmen an die Stelle von diesen besser leichtere Respirationsmittel (Zucker, Pflanzensäuren 2c.), namentlich süße oder säuerliche Früchte (bei weniger guter Verdauung gekocht), leichte und feinere Gemüse: Spargel, Blumenkohl, Schwarzwurzel, zarte Kohlrüben 2c. oder Salat treten.

Bei Berücksichtigung dieser Grundsätze wird es leicht sein, für jeden einzelnen Fall den zweckmäßigsten Küchenzettel zu entwerfen, namentlich wenn dabei der von Banting auf S. 9 vorgeschlagene und von mir (S. 10 Anmerkung) den deutschen Verhältnissen angepaßte zu Grunde gelegt wird. Eine gewisse, leicht zu erreichende Abwechselung ist dabei durchaus wünschenswerth. Ich möchte aber den Rath geben, um den Erfolg zu sichern, lieber etwas zu strenge als zu nachsichtig zu sein, nament= lich alle fetten Speisen, sowie Butter und sogenannte Mehlspeisen ganz zu vermeiden, den Genuß von Brod und Kartoffeln auf das Nothwendigste zu beschränken, — ebenso auf Bier, so weit es möglich, ganz zu verzichten und im Genusse anderer Spirituosa Maß zu halten.

§ 23. 2. Regulirung der sonstigen Lebensweise. Für die= selbe sind besonders die § 13 erwähnten Verhältnisse maßgebend. Man suche den Stoffwechsel im Organismus zu steigern durch erhöhte Thätigkeit des Geistes und Körpers, sowie der Lungen. Vor Allem vermeide man träge Ruhe und viel Schlaf. Als Unterstützungsmittel empfehlen sich Leibesübungen: Turnen, Reiten, Schwimmen, Schlittschuhlaufen, Kegel= schieben, Billardspiel, Fußreisen und dergl. Inwiefern sie passen oder nicht, und welche derselben den Vorzug verdienen, muß der Erwägung in jedem einzelnen Falle überlassen bleiben. Innerhalb vernünftiger Grenzen angewandt, werden sie, wenigstens bei nicht zu bejahrten oder sonst gebrech= lichen Personen, nicht leicht schaden, ja meist nützen, und auch sonst die Energie des Körpers und Geistes auf wünschenswerthe Weise erhöhen. Daß Banting (S. 4) vom Rudern durch Steigerung des Appetites eine Zunahme seiner Korpulenz beobachtete, darf von ihrer Anwendung nicht abhalten. Durch gleichzeitige zweckmäßige Regulirung der Diät — eine magere Fleischkost mit wenig Respirationsmitteln — läßt sich diese Gefahr einer Steigerung der Korpulenz mit Leichtigkeit und Sicherheit beseitigen, so daß nur die guten Wirkungen solcher Leibesübungen übrig bleiben.

3. **Arzneimittel und sonstige eingreifendere Kuren.** Die unter 1 und 2 betrachteten Mittel sind in der Mehrzahl der Fälle durchaus unschädlich und können bei leichteren Graden von Korpulenz oder bei bloßer Neigung dazu allenfalls auch ohne ärztliche Berathung und Ueberwachung vorsichtig versucht werden. Die folgenden dagegen sind nicht ungefährlich, wenn sie nicht nach richtigen Grundsätzen und auf richtige Weise angewandt werden. Sie sollten daher nie ohne ärztlichen Rath unternommen und niemals ohne ärztliche Ueberwachung durchgeführt werden. Ich will sie aus diesem Grunde hier nur kurz erwähnen, in der Absicht, um Leidenden zu zeigen, daß es außer den genannten und von Banting gerühmten Heilmitteln gegen Korpulenz auch noch andere giebt, welche da Anwendung verdienen, wo jene nicht ausreichen.

Unter den Heilmitteln stehen oben an die Alkalien, welche am zweck= mäßigsten als kohlensaure oder doppelt kohlensaure angewandt werden. Die Gründe, auf denen ihr Nutzen gegen Korpulenz beruht, wurden bereits § 9 und 14 angegeben. Sie nützen vorzüglich dann, wenn im Organis= mus, resp. im Blute, ein gewisser Mangel an Alkalien besteht, — eine Ueberfüllung des Körpers mit ihnen kann aber in verschiedener Hinsicht schädlich werden. Sie lassen sich in verschiedenen Formen anwenden: 1) als pflanzensaure Alkalien, die im Körper in kohlensaure umgewandelt werden, und zu diesem Zwecke können nicht blos Arzneien, sondern auch diätetische Kuren dienen, so namentlich der kurmäßige Gebrauch von manchen Früchten, die an diesen reich sind, wie Erdbeeren, Kirschen 2c. *); 2) als eigentliche Arzneien; 3) in Form von Mineralwässern, welche solche Alkalien enthalten, z. B. Vichy, Fachingen, Bilin, Selters, Geilnau, Karlsbad, Marienbad, Ems 2c.

Ein anderes gegen Korpulenz empfohlenes Heilmittel ist das Jod, welches, wie die Ernährung des Körpers überhaupt, so auch die Fettbildung herabsetzt. Dieses Mittel ist jedoch gefährlich und sollte daher nur in seltenen, ganz bestimmten Fällen nach ärztlicher Verordnung gebraucht werden. Dies gilt natürlich auch von den jodhaltigen Mineralwässern, wie Adelheidsquelle 2c.

Weitere Mittel, welche in manchen Fällen von Korpulenz entschiedene

---

*) Hierher gehört auch die eine Zeitlang namentlich in Norddeutschland sehr be= liebte Kur der Korpulenz durch Apfelwein, da sie vorzugsweise auf diese Weise wirkt, freilich bisweilen auch gleichzeitig durch eine künstliche Störung der Verdauung. Sie ist, wegen dieser Einseitigkeit ihrer Wirkung, die nur für gewisse Fälle paßt, ein sehr unsicheres Mittel, überdies, wie ich aus Erfahrung bezeugen kann, nicht ohne Gefahr, sollte daher nur ausnahmsweise, etwa als Unterstützungsmittel diätetischer Kuren, und nie ohne ärztlichen Rath und ärztliche Ueberwachung angewandt werden.

Dienste leisten und daher als Unterstützungsmittel einer diätetischen Kur nicht selten mit Vortheil angewandt werden können, sind Brunnen= oder Badekuren verschiedener Art. Sie wirken alle mehr oder weniger anregend auf den Stoffwechsel und es kann daher eine große Anzahl von Mineral= wässern zu diesem Zwecke benützt werden, nicht blos die obengenannten, welche vorzugsweise reich sind an kohlensauren Alkalien. Auch Kaltwasser= kuren wirken in ähnlicher Weise und können nicht selten mit Nutzen gebraucht werden, nur sollte bei ihrer Anwendung für diesen speciellen Zweck die in Wasserheilanstalten gebräuchliche Kost etwas verändert und der in ihnen übliche reichliche Genuß von Milch, Brod und Butter be= schränkt werden. Unter den Badekuren sind vorzüglich die kalten: See= bäder, Fluß= und Wellenbäder zu empfehlen, da die warmen, namentlich länger fortgesetzt, leicht zu erschlaffend wirken. Alle diese Kuren setzen jedoch einen gewissen Vorrath von Kraft im Körper dessen, der sie ge= brauchen soll, voraus (vergl. S. 7 Anmerkung): ist dieser nicht vorhanden, so schaden sie mehr als sie nützen, ja können selbst Gefahr bringen. Ob sie daher anzuwenden sind, oder nicht? und welche derselben? muß der Ent= scheidung des Arztes überlassen bleiben.

Genauere Bestimmung des Grades der Korpulenz.

§ 24. Um zu bestimmen, ob Jemand an Korpulenz leidet und in welchem Grade? genügt natürlich für alle gewöhnlichen Zwecke eine Be= urtheilung der Dicke seiner Gliedmaßen, sowie seines Körperumfanges durch das Augenmaß. Soll dagegen der Grad der Korpulenz genauer ermittelt werden, so dient dazu am besten das Körpergewicht. Die Ermittelung desselben gewährt aber noch ein besonderes Interesse, wenn es sich darum handelt, mit Sicherheit zu bestimmen, ob die Korpulenz während einer Kur zu= oder abgenommen hat, und um wie viel? Deshalb giebt mit Recht Banting an Korpulenz Leidenden, die eine Kur dagegen unternehmen, den Rath, sich vor, während und nach derselben wägen zu lassen, um auf diese Weise ihren Erfolg oder Nichterfolg auf handgreifliche und unbestreit= bare Weise zu kontrolliren. Ich kann diesem Rathe nur beistimmen, und möchte zugleich auf einige beim Wägen zu beobachtende Vorsichtsmaßregeln aufmerksam machen, deren Nichtbeachtung Täuschungen veranlassen kann. Wenn man dabei nicht immer dieselben Kleider trägt, sondern bald leichtere, bald schwerere, bald leere, bald gefüllte Taschen hat, so kann dies Irrthümer veranlassen. Ebenso wenn man einmal mit leerem Magen, Darm und Urinblase die Wage besteigt, ein andermal, wenn diese gefüllt sind. Da=

durch können Gewichtsunterschiede entstehen, die ein, ja mehrere Pfunde erreichen, und die doch mit dem eigentlichen Körpergewicht nichts zu thun haben. Man hüte sich daher, auf kleine Gewichtsunterschiede, die ein oder ein Paar Pfunde nicht übersteigen, einen Werth zu legen, wenn man nicht ganz sicher sein kann, daß jene äußeren Umstände, die mit dem wahren Körpergewicht nichts zu thun haben, bei den verschiedenen Wägungen die=selben geblieben sind.

Es kann ferner für Jemand ein Interesse haben, zu erfahren, ob sein Körpergewicht mit dem normalen übereinkommt, oder um wie viel es davon abweicht? Das Normalgewicht eines Menschen wird aber dadurch ge=funden, daß man aus einer großen Anzahl von Bestimmungen des Körper=gewichtes verschiedener Personen das Mittel zieht. Dieses mittlere Durch=schnittsgewicht beträgt für einen Mann, als Mittel von Bestimmungen an 3000 Personen zwischen 15 und 40 Jahren, 134 Pfund Zollgewicht. Da aber natürlich das Körpergewicht sich einigermaßen nach der Körpergröße richtet, so hat man aus einer großen Anzahl (3000) Bestimmungen, das=jenige mittlere, also durchschnittliche Körpergewicht berechnet, welches einer bestimmten Körpergröße entspricht. Die folgende Tabelle enthält eine solche Zusammenstellung, die jedoch nur für Personen männlichen Ge=schlechts gilt.

Einer Körpergröße   entspricht   ein mittleres Körpergewicht

Centimeter.	von Fuß. Zoll. Linien.	von Fuß. Zoll. Linien rheinl.	Pfund Zollvereinsgew.
137 bis 152 = 4′ 4″	4‴ bis 4′ 10″	1‴	84
152—155 = 4′ 10″	1‴ — 4′ 11″	3‴	105
155—160 = 4′ 11″	3‴ — 5′ 1″	2‴	114
160—165 = 5′ 1″	2‴ — 5′ 3″	1‴	125
165—170 = 5′ 3″	1‴ — 5′ 5″	0‴	131
170—175 = 5′ 5″	0‴ — 5′ 6″	11‴	140
175—180 = 5′ 6″	11‴ — 5′ 8″	1‴	152
180—183 = 5′ 8″	1‴ — 5′ 10″	0‴	161
über 183 = über 5′ 10″ ′			198

Natürlich ist das in vorstehender Tabelle für eine bestimmte Körper=länge angegebene Normalgewicht nur ein ungefähres, auch ist zu beachten, daß die Tabelle, genau genommen, nur für Personen von 15—40 Jahren gilt, und daß für Männer über 40 Jahre das Durchschnittsgewicht ein etwas höheres ist.